인디고 바칼로레아 ——— 1

삶을 위한 질문과 토론

인디고 바칼로레아 1

삶을 위한 질문과 토론

1판 1쇄 펴냄 2023년 7월 10일
1판 2쇄 펴냄 2024년 5월 1일

지은이 인디고 서원

주간 김현숙 | **편집** 김주희, 이나연
디자인 이현정, 전미혜
마케팅 백국현(제작), 문윤기 | **관리** 오유나

펴낸곳 궁리출판 | **펴낸이** 이갑수

등록 1999년 3월 29일 제300-2004-162호
주소 10881 경기도 파주시 회동길 325-12
전화 031-955-9818 | **팩스** 031-955-9848
홈페이지 www.kungree.com
전자우편 kungree@kungree.com
페이스북 /kungreepress | **트위터** @kungreepress
인스타그램 /kungree_press

ⓒ 인디고 서원, 2023.

ISBN 978-89-5820-846-4   03100

인디고 바칼로레아 ——— 1

삶을 위한 질문과 토론

인디고 서원 지음

궁리
KungRee

인디고 바칼로레아(IB) 시리즈를 시작하며

불확실성의 시대다. 팬데믹, 기후위기, 인공지능, 인구절벽 등 매일같이 세상은 새롭게 변한다. 세상의 격변 속에서 인간은 변화에 적응하기 위해 급급한 모습이다. 때로는 생명의 위협을 느끼기도 하고 때로는 예측 불가능한 미래에 불안해하기도 한다. 이와 같은 대전환기를 헤쳐 나가기 위해 우리는 어떤 준비를 하고 있는가.

역사학자 유발 하라리는 현재 초·중·고등학교에서 가르치는 교육의 90%는 그 아이가 어른이 되었을 때 아무런 쓸모가 없어질 것이라고 예견했다. 지금 우리가 겪는 변화의 속도를 떠올려본다면 이는 충분히 납득할 만한 주장이다. 세상은 미래를 더욱 앞당기고 있는데 우리의 배움은 여전히 낡은 과거에 머물러 있으니 말이다. 그러니 우리는 자신에게 물어야 한다. 무엇을 배우고 가르칠 것인가.

아마도 한국 사회에서 가장 변하지 않는 분야가 있다면 교육일 것이다. 21세기 대한민국은 바이오와 디지털 기술 등 세계를 선도하는 글로벌 선진국 중 하나다. 하지만 우리의 교실은 어떠한가. 대한민국을 살아가는 미래 세대는 과연 세상의 변화에 적응할 수 있는 배움을 제공 받고 있는가. 생존에 허덕이지 않고 삶의 주인으로서 살아갈 역량을 대한민국 교육은 제시하고 있는가.

4차 산업혁명은 이미 우리의 일상에 침투해 있다. 대한민국 교육 패러다임을 바꿔야 한다는 주장은 이제 식상할 만큼 오래되었다. 교육과정 개정을 거치면서 다양한 역량 강화 교육의 필요성이 제기되었을 뿐만 아니라 교육혁명을 더 이상 미룰 수 없는 지점에 와있다. 최근 IB(International Baccalaureate)가 주목받는 이유는 이 때문이다. IB 교육이 지향하는 비판적 사고와 창의성, 소통과 공감, 균형 감각과 도전 정신 등은 세상이 아무리 변해도 필수적인 핵심 역량이라 할 수 있고, 이를 기르는 교육은 삶을 위한 본질적인 공부이기 때문이다. 물론 IB가 다층적이고 복합적인 대한민국 교육 문제를 단번에 해결해줄 수 있는 정답은 아니다. 그러나 변화의 물꼬를 틀 수 있는 유의미한 시도라 부를 수 있을 것이다.

국제자격시험인 IB가 이제 조금씩 한국 사회에서도 주목받기 시작했지만 인디고 인문학 수업은 지난 20여 년 동안 삶을 위한 책 읽기와 토론 수업을 진행해왔다. 공부는 좋은 사람이 되는 길이고,

세상을 향해 질문을 던지는 일이며, 모두에게 이로운 혁명이어야 한다는 믿음으로 진행된 인디고 바칼로레아(Indigo Baccalaureate) 다. 인디고 바칼로레아 시리즈는 인디고 인문학 교육 과정과 내용을 보다 많은 이들과 공유하려는 시도다. 나아가 대한민국 교육의 방향과 가치가 보다 나은 방향으로 바뀌기를 바라는 희망의 실천이다. 시대가 변해도 바뀌지 않는 본질적인 삶의 가치를 배울 수 있는 인디고 바칼로레아 시리즈가 교육혁명을 꿈꾸는 이 땅의 많은 시민에게 가닿아서 우리가 바라는 변화를 앞당길 수 있기를 바란다.

2023년 6월

영국 케임브리지대학교에서

박용준

영상 속에 손을 호주머니에 깊숙이 찔러 넣은 남자가 등장한다. 이 남자는 매우 무기력하고 무능력하다. 엘리베이터를 향해 다급하게 달려오는 사람을 위해 문을 잡아주지도 못하고, 어느 꼬마가 놓쳐 날아가는 풍선을 잡아주지도 못한다. 할 수 있는 것이 아무것도 없으니 남자의 시선은 오로지 자기 발끝에 머물러 있다. 그런데 신호등 대기 중에 한 할머니가 남자의 팔뚝을 잡는다. 당황했지만 남자는 뿌리치지 않는다. 신호가 바뀌고 건너려고 하는데, 할머니의 발걸음이 신호의 길이에 비해 너무 느리다. 보행 신호에 다 건너지 못한 횡단보도를 천천히 걸어가고 있는데, 차 한 대가 빠른 속도로 돌진한다. 놀란 남자는 자신에게 부딪힐까 겁나 호주머니에서 손을 빼 차를 향해 뻗는다. 차는 멈췄고, 횡단보도를 무사히 다 건넜다. 할머니는 남자에게 고맙다는 표현을 한다. 자기가 살기 위해 손을 뻗었을 뿐인데, 고맙다는 인사를 받은 남자는 얼떨떨하다. 집에 와서 자기 손을 본다. "아, 나에게 손이 있었다."

다음날 남자는 똑같이 손을 호주머니에 깊숙이 찔러 넣고 나섰다. 또 다급하게 누군가 엘리베이터를 향해 달려온다. '나에겐 손이 있다'라는 사실이 떠오른 남자는 손을 꺼내 문을 잡아준다. 이제 꺼내진 손으로 날아가는 풍선도 잡아주고, 길 가다 서명 운동도 동참한다. 이젠 할 일을 직접 찾아 나서기도 한다. 해변에 쓰레기를 주우러 가고, 헌혈도 하고, 양로원에 봉사활동도 한다. 할 수 있는 일이 정말 많다. 남자는 다른 할 일을 찾기 위해 주변을 살핀다. 그러다가 과거의 자신과 똑같이 호주머니에 손을 찔러 넣은 한 남자를 발견한다. 자신이 경험한 경이로운 변화를 그 남자도 느끼길 바란다. 할머니가 자신에게 그랬듯, 도움을 구하기 위해 시각 장애인인 척 남자의 팔을 잡는다. 과연 또 다른 남자는 호주머니에서 손을 꺼내게 될까?

이 이야기는 '친절'에 대한 영상으로 많이 알려진 〈무관심 씨 (Mr. Indifference)〉라는 단편 애니메이션으로, 타인을 돕는 것의 기쁨 혹은 봉사의 즐거움이라는 핵심 메시지를 전하고 있다. 그런데 한국의 현실과 연결해보면 좀 더 깊게 읽히는 부분이 있다. 호주머니에 손을 깊숙이 찔러 넣은 남자는 한국에서 살아가는 대부분의 청소년이 취하게 되는 삶의 모습이다. 영상 속 무관심 씨처럼, 한국 대다수의 청소년들은 세상에서 일어나는 일들에 아무 관심이 없다. 때로는 관심 갖지 않기를 요구 받기도 한다. 이들에게 중요한 관심은 주변에서 일어나는 세상의 이야기가 아니라 입시 전쟁에서의 생존 혹은 성공인 듯하다.

언제부터인지 모르겠지만, 호주머니 속에 손이 있다는 사실을 까마득하게 잊어버린 존재들 같다. 세상에 무관심하려고, 또 다른 사람의 일에 관여하지 않겠다는 적극적인 의사 표현으로 일부로 주머니에 손을 넣은 것은 아니다. 남에게 관심을 갖기보다 자기 것을 지키라는 암묵적인 규칙을 따르다 보니, 자연스럽게 호주머니 속으로 손이 들어가버렸을 뿐이다. 그런데 그게 습관이 되어서, 이제는 할 수 있는 일이 없어 무기력하고 무기력하다보니 타인에게 손을 뻗지 못한다. 나이가 들수록 교실 안 학생들이 삶의 의욕을 잃고, 말을 잃고, 생기를 잃는 이유다.

영상 속 남자의 삶이 180도 변한 것은 손을 꺼냈다는 사실 하나다. 그가 자격증을 딴 것도, 좋은 대학에 입학한 것도, 대기업에 취직한 것도 아니다. 복권에 당첨되었거나 주식 투자에 성공해 재산이 늘어난 것도 아니다. 그냥 손을 꺼냈을 뿐이다. 자신이 원래 가지고 있던 것을 타인에게 쓰니, 그것이 능력이 되었다. 할 수 있는 일이 많아진 남자의 삶에는 생기가 돈다. 여기에 힌트가 있다. 대한민국 청소년들이 무기력했던 것은 자신이 배운 것들이 쓸모가 없기 때문이다. 국어, 영어, 수학, 과학 등 수많은 지식과 정보와 삶의 기술을 손에 쥐고 있지만, 그걸 꺼내놓지 않으니 써먹을 데가 없다. 그러니 무기력하고 무능력하다.

손을 꺼내는 순간, 아이들의 삶은 완전히 바뀔 것이다. 손을 꺼내는 방법은 무엇인가? 세상에 대한 호기심을 갖는 것이다. 호기심을 가진 이는 질문이 끊이질 않는다. 전쟁은 왜 자꾸 일어나는 것인지, 재난이 닥칠 때마다 왜 똑같은 비극이 반복되는 것인지, 불평등은 정말 해결할 수 없는 문제인지, 코로나19와 같은 전염병이 또 발생하면 어떻게 대처해야 하는지 궁금해하고 알고자 한다. 그럼 책이나 영상 자료를 찾아볼 것이고, 통계 자료나 정보를 분석하려 들 것이다. 다른 언어로 된 자료를 찾아볼 수도 있고, 알게 된 것을 다시 음악이나 미술로 표현해서 사람들에게 전달할 수도 있다.

인디고 서원은 지난 20년이 넘는 시간 동안 세상에 필요한 질문을 던지고자 했다. 세계 곳곳에서 일어나는 다양한 일에 관심을 갖고, 나의 책임이 무엇인지 생각하고자 했다. 그것이 꿈에 대한 동기를 부여해주었고, 직업이 아니라 삶의 방향성을 찾도록 했다. 이 책에 담은 6개의 질문 역시, 삶을 위한 것이다. 보다 정확하게 말하자면 행복하고 의미 있는 삶을 위한 것이다. 청소년을 위한 인문학 서점 인디고 서원은 인문학을 6개 분야로 나눠 서가를 분류하는데, 문학, 역사·사회, 철학, 예술, 교육, 생태·환경이 그것이다.

이 분류에 맞게 최근에 가장 뜨겁게 나눈 6개의 큰 질문을 실었다. 그리고 질문에 대한 답을 담은 것이 아니라, 청소년들과 함께 깊이 고민하며 답을 찾아가는 과정을 각각의 장에 담았다. 그 과정에서 만난 질문들과 참고한 책도 함께 실었다.

『인디고 바칼로레아 1―삶을 위한 질문과 토론』은 토론 주제에 대한 답을 이야기하는 책이 아니다. 보다 나은 삶을 위해서 함께 토론하고 싶은 주제와 토론의 과정을 담은 책이다. 애니메이션 속 주인공이 자신이 경험한 삶의 환희를 타인에게 전하기 위해 또 다른 남자의 팔을 잡은 것처럼, 우리의 손을 호주머니에서 꺼내서 세상에 내놓을 때, 타인에게 다정한 손을 뻗을 때, 우리가 가진 생각의 힘은 나와 세계 모두를 바꾸는 강력한 힘이 될 것이다. 부디 여러분의 귀한 손도 꺼내어주시길, 진심으로 바란다.

2023년 6월
인디고 서원에서
이윤영

차례

문학   삶을 위한 질문과 토론 — 1

책은 왜 읽어야 하는가? ㅣ 문해력은 왜 중요한 문제인가? ㅣ 언어의 한계가 세계의 한계라는 말의 뜻은 무엇인가?

역사·사회   삶을 위한 질문과 토론 — 2

전쟁은 왜 일어나서는 안 될까? ㅣ 전쟁을 멈춰야 할 책임이 나에게도 있을까? ㅣ 전쟁이 우리에게 빼앗을 수 없는 것은 무엇인가? ㅣ 전쟁을 멈추기 위해서 누구의, 어떤 노력이 필요한가?

철학   삶을 위한 질문과 토론 — 3

왜 우리는 불평등을 감수하는가? ㅣ 정치의 목적은 무엇인가? ㅣ 인간이 존엄하다는 것은 무엇을 뜻하는가? ㅣ 삶에서 의미를 추구한다는 것은 무엇을 뜻하는가?

삶을 위한
질문과 토론 ― 1

문학

문학이 세계를 구할 수 있을까?

함께 나눌 질문

· 책은 왜 읽어야 하는가?
· 문해력은 왜 중요한 문제인가?
· 언어의 한계가 세계의 한계라는 말의 뜻은 무엇인가?

사람들은 고통에서 벗어나기 위해 무의식적으로 진실을 피하고
자 한다. 그러나 진실에 입 다물지 않아야 하는 것 중 하나가 문학
이다. 미국 에세이스트 수전 손택은 "문학이 제공하는 지혜의 본질
은, 무슨 일이 일어나든 간에 그와 다른 어떤 것도 계속된다는 것
을 알게 하는 것"이며, "작가가 가장 중요시해야 할 일은 의견을 갖
는 것이 아니라 진실을 말하는 것"이라고 말했다.

문학은 그 누구도 볼 수 없었던 새로운 공간을 만들어낸다. 그
공간에서는 현실에서 잘 보이지 않는 존재들이 중심에 서기도 한
다. 이를 통해 우리의 일상에서 약하고 고통받는 존재들에 대한 관

심을 갖게 하거나 부조리한 사건을 발견하게 하고, 잘 알지 못했던 작은 생명들에 대해 이해할 수 있게 된다.

작고 위대한 목소리에 귀 기울이는 힘

문학의 역사는 문학이 사회를 바꿀 만한 힘이 있음을 방증한다. 먼 과거, 신들과 영웅이 중심이 되었던 문학은 점차 왕과 귀족을 넘어 일반 백성들의 이야기를 전했다. 그리고 더 작고 들리지 않는 목소리들에 귀 기울이게 되는데, 대표적으로 황제에서 민중으로 국가의 중심을 옮겨놓았던 19세기 러시아의 문학가들이 그러했다. 그들은 '낯설게 하기'라는 기법을 이용해 주변의 평범한 삶을 아주 새로운 시각으로 바라볼 수 있도록 했다. 이를 통해 누구나 농민들과 노동자들을 동등한 사람으로 인식하게 되었고 마침내 그들은 사회의 일원으로 편입하게 되었다.

이처럼 문학의 주인공과 주체가 변할 때마다 역사적 변화가 뒤따랐는데, 또 하나의 사례가 빅토르 위고의 『레 미제라블』이다. 귀족 정치인이었던 빅토르 위고는 인간을 인간으로 여기지 않는 세력에 환멸을 느끼며 반정부 세력으로 돌아섰다. 그러면서 민중들의 삶을 낱낱이 보게 되었는데, 그 삶이야말로 정말 써 내려가야 할 것이라고 생각했다. 이후 1832년 6월 혁명을 배경으로 쓴 소설이 바로 빅토르 위고의 대표작이자 전 세계적인 문학 작품『레 미제라블』이다. 작품 발표 후 문인들과 귀족들은 저급한 작품이라 비난했지만, 평범한 사람들은 비로소 공감할 수 있는 소설을 만났고, 당시 사람들이 돈을 모아서 책을 사 돌려가며 읽었다고 한다. 이 작품을 통해 그저 더럽고 미천하기만 했던 가난한 자들이, 잘못된 법에 희생된 사람들, 그리고 스스로 선하고 정의로운 시민이 될 수 있는 사람들이라는 것을 사람들은 알게 되었다. 그래서『레 미제라블』은 혁명적 소설이고, 세계 문학이 될 수 있었던 것이다. 실제로 쿠바 수도 아바나에는 빅토르 위고 기념관이 있는데, 쿠바 혁명 당시 거의 모든 집에『레 미제라블』이 있었기 때문이라고 한다.

우리는 자신이 처한 상황을 문학 자체에 대입할 수 있고 문학적 단어들과 삶을 연결할 수 있다. 이 과정에서 여러 상황에 공감하거나 위로받기도 하고, 해결책을 찾기도 한다. 그 삶들은 다른 수많은 보편적 삶들과 연결되어 있기 때문에 우리는 자연스럽게 타인에 공감할 수 있게 되며 세상은 혼자 살아가지 않는 것임을 깨닫게 된다. 따라서 문학을 읽는 이상 인간은 결코 외롭지 않은 존재가 될 수 있다.

지금 문학은 자본주의 시장에서 상품적 가치로 평가받기도 하고, 사람들은 대중적이며 실용적인 태도로 문학을 바라보고 있다.

이러한 문화 세태 속에 전통적 예술성은 상실되고 최근의 문학은 충격적인 반전 같은 것이 주된 목표가 된 것 같다. 하지만 예술의 본질적인 역할은 보이지 않고 들리지 않는 것들을 보게 하고 듣게 하는 힘에 있다. 문학은 무엇을 말해야 하고, 우리는 문학을 통해 무엇을 읽어야 하는가?

쓴다는 것의 의미-문학가의 역할

"말할 수 없는 것에 대해서는 입을 다물고 있을 것이 아니라 반드시 글로 옮겨 써야만 한다."
—자크 데리다

문학은 작가가 화자를 내세워 문제의식을 던지는 것이다. 때문에 참신한 표현이나 재미만으로는 문학을 하고 있다고 말할 수 없다. 문학가는 눈이 아프도록 이러한 세상을 들여다보며 말할 수 없는 것들에 대해서 펜을 들어 날카롭게 그들을 겨냥한 글을 써야 한다. 조지 오웰은 자신이 글을 쓰는 네 가지 이유를 「나는 왜 쓰는가」라는 글에서 분명하게 밝혔다. 첫 번째는 똑똑해 보이고 싶은, 기억되고 싶은 이기심이고, 두 번째는 외부 세계의 아름다움을 미학적으로 표현하고 싶은 열정이다. 세 번째는 사물을 있는 그대로 보고, 진실을 알아내고, 후세를 위해 보존하고자 하는 욕구이며, 네 번째는 어떤 사회를 지향하며 분투해야 하는지에 대한 남들의 생각을 바꾸려는 욕구이다. 조지 오웰은 그 어떤 이유에서건 모든 글은 정치적 성향으로부터 진정 자유로울 수 없으며, 예술이 정치와 무관해야 한다는 의견 자체가 정치적인 태도라고 말했다.

조지 오웰은 글을 쓴다는 건 고통스러운 병을 오래 앓는 것처럼 끔찍하고 힘겨운 싸움이라고 말했다. 하지만 그럼에도 글을 썼던 이유는 계급으로 구분 지을 수 없는 인간 잠재능력을 발현할 수 있는 사회에 대한 믿음 때문이었다. 그리하여 자신의 펜을 무기 삼아 제국주의 사회와 자본주의 사회를 변화시키고자 했다. 또한 어린 시절 자신이 글을 쓰고 싶었던 근원적인 미학적 열정을 잊지 않고 '정치적 글쓰기를 예술로' 만들고자 하는 욕구 때문이기도 하였다.

많은 사상가들은 문학이 단순히 삶을 모방하거나 재현하는 데 그친다고 비난한 바 있지만, 조지 오웰이 말한 것과 같이 모든 문학은 정치적이므로 사회를 관찰해 변형 또는 재창조한다. 즉, 문학이 현실을 반영하는 형태가 아니라 문학의 창조 자체가 하나의 사회적인 활동이라는 것이다. 그렇기에 문학가들은 문학을 통해 즐거움과 행복을 주는 동시에 세계를 변화시키겠다는 의지를 가질 수밖에 없다.『눈먼 자들의 도시』를 쓴 주제 사라마구 역시 이러한 이유로 자신은 글을 쓴다고 말했다. "화가는 그림을, 음악가는 곡을, 작가는 소설을 만들지만 우리는 예술가라는 이유에서가 아니라 시민이라는 이유에서 영향력을 가진다. 우리는 시민으로서 세상 일에 개입하고 연관되어야 한다. 세상을 바꾸는 것은 시민"이라고 말했고, 그런 이유로『눈먼 자들의 도시』를 썼다고 밝혔다.

읽는다는 것의 의미-독자의 역할

문학에 세상의 변화를 만들 잠재력이 있다고 한다면, 그 잠재성의 실현은 오로지 독자의 몫이다. 문학을 읽으며 과연 문학의 어디까지가 진실인지 의문을 가져야 하며, 단순히 글 읽기에 목적만을 두기보다는 한 발짝 나아가서 우리가 어떤 일을 할 수 있는지 생각해보아야 한다. 문학이 말하는 상황 속에서 충분히 아파해보고, 그 고통에 예민하게 반응하고, 보기 좋은 단어들에 현혹되지 않고 자신만의 의미로 이해하려는 노력을 기울여야 한다.

문학을 읽는 것만으로는 충분하지 않다. 읽고 쓰며, 삶으로 어떻게 연결할 것인가가 중요하다. 사람들은 문학을 쉽게 이해하고 공감하면서, 진짜 현실의 문제와는 그것을 연결하지 못하는 경우가 많다. 문학 속 자식 잃은 부모의 고통에 눈물 흘리면서도, 현실에서는 그 고통보다 정치적이고 경제적인 이익과 입장들을 더 우위에 놓는 그런 일들 말이다.

앞서 언급한『눈먼 자들의 도시』로 생각해보자. 소설 속 사람들은 어느 순간 다들 눈이 멀어서 살아남기 위해 잔혹한 짓을 하다가 어느 날 다시 눈을 뜨게 된다. 유일하게 눈이 멀지 않았던 주인공은 눈이 멀어 있을 때도, 다시 눈을 떴을 때도 사람들이 별반 다를 것이 없다고 말한다. 그러니 인간은 볼 수 있는 것과 볼 수 없는 것은 스스로 선택하는 것이다.

그리고 놀랍게도 20년도 더 지나서야 마치 소설 속 상황처럼 어느 날 갑자기 알 수 없는 전염병이 전 세계를 덮쳤다. 코로나19 발생 직후,『눈먼 자들의 도시』뿐만 아니라 알베르 카뮈의『페스트』, 가브리엘 가르시아 마르케스의『콜레라 시대의 사랑』등의 작품이 언급되었다. 심지어 스릴러 소설로 유명한 미국 소설가 딘 쿤츠의 1981년 출간작인『어둠의 눈(The Eyes of Darkness)』은 2020년에 중국 '우한' 지역에서 개발한 생물 무기인 우한-400 바이러스가 폐와 기관지 질환을 일으켜 전 세계에 퍼진다는 설정이었다는 사실에 많은 사람이 놀라워했다.

그런데 문학 작품들의 예언이 얼마나 맞아떨어지냐는 사실 별로 중요하지 않다. 문학은 인간 상상력의 산물이고, 충분히 일어날 수 있는 일에 대한 예측이기 때문에 어찌 보면 현실에서 일어나는 일이 문학 속에 있는 것은 당연한 일이다. 중요한 것은 문학은 모든 가능성을 상상하여 우리가 인간으로서 끝끝내 지켜내야 하는 것이 무엇인지 생각하게 한다는 점이다.『눈먼 자들의 도시』는 이유 없이 눈이 멀어버리는 '백색병'에 걸린 이후 앞이 보이지 않는 공포 속에 인간이 얼마나 나약하고 이기적이며 폭력적일 수 있는지를 보여줬다. 전염병 자체보다 더 무서운 것은 그 공포에 질린 사람들이 하는 행태들이라는 것을 생각하게 했다. 그리고 우리가 경험했듯, 현실도 그러하지 않았는가? 소설에는 그 질병을 극복한 방법은 나와 있지 않다. 병이 찾아온 것처럼 어느 날 갑자기 전염병은 사라졌다. 그렇다면 우리가 이 작품에서 기억해야 할 것은 그 추악한 모습이 우리 자신이라는 사실, 그러니 그러한 지경까지 가지 않기 위해서 우리는 무엇을 어떻게 해야 할지 생각하는 힘이다.

마크 트웨인의『허클베리 핀의 모험』과 연결해 생각해볼 수 있는 지점도 있다. 소설은 술주정뱅이 아버지로부터 도망친 백인 아이 허클베리 핀과 주인에게서 도망친 노예 짐의 모험 이야기이다. 헉은 도망친 노예 짐을 신고해야 한다는 죄책감에 시달리면서도, 동시에 짐을 자유인으로 만들어주기 위해 열심히 그를 돕는다. 헉이 법까지 어기면서 짐을 도왔던 이유는 짐과 함께 모험하면서 자연스레 짐을 동등한 인간으로 바라보게 되었고, 이렇게 동등한 인간을 피부색으로 다르게 대우하는 당시의 법에 대한 의문을 느꼈기 때문이다. 헉이 짐을 신고할지 말지 고민하는 일은 자신이 태어나서부터 배운 편견과 흑인에 대한 혐오, 잘못된 법과 스스로 온몸으로 익힌 지식 사이의 갈등이었다. 마침내 헉은 자신이 온몸으로 배우고 느낀 것을 선택하기로 결정했고, 짐과 동등한 인간으로 마주 서며 동시에 짐을 돕기 위한 수고를 마다하지 않는다.

『허클베리 핀의 모험』을 읽고 삶을 바꾼 작가가 있다. 일본 작가 오에 겐자부로다. 그는 아홉 살에서 열세 살이 될 때까지, 매일 5년간 오직 『허클베리 핀의 모험』만을 읽었다고 한다. 특히 "All right, then, I'll go to hell(그래 좋다, 나는 지옥으로 가겠다)"는 한 줄의 문장을 인생의 원칙으로 삼겠다고 결심까지 했다. 제2차 세계대전 패전 직후, 국가가 패망했으니 너희가 알아서 방침을 세워 살라는 선생님의 말에 헉의 말을 삶의 방침으로 삼겠다 결심한 것이다. 이후 오에 겐자부로는 마크 트웨인이 그랬듯 소외되고 차별받는 사람들의 목소리에 귀 기울였고, 자신이 어렵고 곤란한 처지에 있다고 하더라도, 인류의 보편적 가치의 편에 서는 작가가 되었다.

생명을 살리는 이야기, 삶을 위한 문학

이탈리아 작가 조반니 보카치오(Giovanni Boccaccio, 1313~1375)

는 흑사병으로 인구 1/3이 소멸한 중세 유럽의 지옥 같은 현실에서 『데카메론』을 썼다. 1351년에 쓰인 이 소설은 전염병으로 완전히 봉쇄된 피렌체를 벗어난 10명의 젊은 남녀가 14일(정확히 주말을 제외하고 10일) 동안 각자 10개씩 총 100개의 이야기를 들려주는 액자 구조의 소설이다. 이 소설은 고전이라고 불리긴 하지만, 젊은 남녀가 들려주는 외설적인 쾌락 이야기가 주를 이루는 모음집인데, 왜 이 소설이 이토록 오랫동안 읽히며 사람들에게 회자되는가?

소설 초반부를 보면 처음 며칠 동안 젊은이들은 농담과 불경스러운 이야기를 주고받는다. 그런데 나흘째부터는 비극적인 사랑 이야기를, 닷새째는 끔찍한 사고나 불행 이후에 행복을 찾는 연인들의 이야기를 한다. 소설 속 젊은이들은 사랑 이야기를 시작하면서 마침내 다시 울 수 있었다. 언제 어떻게 끝날지 모르는 전염병의 상황에서 누구도 피해 갈 수 없는 가혹한 운명을 똑바로 들여다보기가 어려웠던 그들은 피렌체를 빠져나왔을 것이고, 울음을 멈췄을 것이며, 지금 상황과 아예 상관없는 이야기들을 떠들었던 것이다. 명목상으로는 비록 비극적인 사랑 이야기에 운 것이지만, 그들이 참아왔던 울음을 비로소 터뜨렸다는 점은 주목할 만하다.

"매 순간 일어나는 근본적이고 중요한 진짜 이야기가 있는데,

우리는 왜 상상해낸 이야기에 눈을 돌리는가? (중략) 보카치오의 현실도피성 이야기의 역설은 그것이 궁극적으로 등장인물과 독자들을 그들이 도망쳤던 곳으로 복귀시킨다는 것이다. 초반의 이야기들은 그 배경이 시간과 공간을 넘나들지만, 후반으로 가면서 토스카나 지방, 또는 구체적으로 피렌체를 배경으로 하는 이야기가 종종 등장한다."

"『데카메론』의 젊은이들은 그들의 도시를 그리 오래 떠나 있지 않았다. 2주 후 그들은 돌아가기로 결심한다. 페스트가 끝났기 때문이 아니었다. 페스트가 끝났다고 믿을 만한 이유는 없었다. 그들이 돌아간 것은 웃고 울며 함께 살아가기 위한 새로운 규칙을 상상함으로써, 마침내 현재를 보고 미래에 대해 생각할 수 있게 되었기 때문이다."

－리브카 갈첸, 「생명을 구하는 이야기들」, 『데카메론 프로젝트』 중에서, 15~16쪽, 17~18쪽, 인플루엔셜(주)

『데카메론』이 많은 사람에게 각인된 이유는 바로 현실도피적인 이야기를 통해 현실로 다시 돌아가게 했기 때문이다. 문학은 우리가 외면하고 싶고, 도무지 견디기 어려운 현실에서 잠시 벗어날 자유를 주는 것과 동시에, 다시 그 삶으로 돌아갈 힘을 준다.

문학과 이야기가 삶을 다시 살아나게 한다는 것을 보여주는 또 한 권의 책이 있다. 미셸 쿠오의 『패트릭과 함께 읽기』인데, 사회에서 완전히 버려진 청년 '패트릭'에게 문학 작품을 읽게 한 후 변화를 담은 책이다. 저자 미셸 쿠오는 문학이 가진 힘을 믿는 사람이었고, 문학이 삶 전체를 완전히 바꿀 수는 없지만 자신의 마음을 들여다보고, 제대로 표현하고, 생각할 수 있게 해주며 세상과 연결되는 고리를 만들어줄 수 있다고 생각했다. 살인죄로 감옥에 갇힌 패트릭은 세상에서 가장 소중하다는 딸에게 편지를 쓸 때 아무것도 해줄 수 없어 미안하다고만 썼을 뿐이었다. 문학적 감수성이 뛰어났던 패트릭이 언어를 잃어버린 것이 자신이 끝까지 책임지고 가르치지 않은 잘못 같아서 책임감을 느낀 미셸 쿠오는 교도소로 찾아가 문학수업을 진행했다. 어려운 과정이었지만 문학을 읽고 쓰고 느끼는 시간을 통해 단어 하나하나를 습득한 패트릭이 쓴 편지에는 딸과 보내는 귀한 시간이 아름답게 그려져 있었고, 딸에게 그 소중한 마음이 충분히 전달되고 있었다. 단순히 글이 달라진 것이 아니라, 삶이 달라진 순간이었다. 평평하고 단조로웠던 패트릭의 삶이, 입체적이고 풍성해졌다.

언어를 잃어버린다는 것은 세계를 잃어버리는 것이다. 우리는 우리 내면에 있는 아름답고 귀한 것들, 소중하고 가치 있는 것들을 표현할 말을 찾아야 한다. 그것들은 그저 있지 않고, 일궈서 피위내야 하는 것들이고, 발견하고 갈고 닦아야 하는 것들이다. 문학 읽기는 아름다운 세상을 일구고 발견하는 작업인 것이다. 인간의 삶을 이야기하는 것이 문학이라고 한다면, 알 수 없고 막막한 삶을 구체적이고 세세하게 들여다보게 하여 인간다운 울음과 환희를 내지를 수 있도록 하는 것이 문학의 힘이다.

우리는 모르는 것이 너무 많고, 그 모르는 것 때문에 공포에 질리기도 하고, 호기심에 벅차기도 하며, 알아내고자 하는 지적 욕구를 갖기도 한다. 이 앎이 공포에 짓눌리거나 허황된 욕구와 욕망에 휘둘리지 않고 진실을 향해 나아가게 하는 힘은 바로 어떤 삶을 살고자 하는가에 대한 상상과 생각이다. 즉, 삶의 의지이다.

상상력이 고갈된 사회, 그곳에서는 그 어떤 것도 가능하지 않다. 사회에서 일어나는 수많은 문제의 근원인 이기심, 무지함, 탐욕스러움은 인간이 가진 특성이지만, 그것에서 비롯할 수 있는 최악의 시나리오를 미리 상상하고 예방하는 힘 역시 인간에게 있다. 문학, 혹은 문학적 상상력은 인간 존엄성을 지켜줄 가장 중요한 백신이다.

여러분이 가장 좋아하는 이야기는 무엇인가요? 책을 좋아하지 않는 사람이라도 누구나 마음속에 품고 사는 이야기 하나쯤은 있기 마련입니다. 이야기를 읽고 또 들으며 우리는 등장인물이 되어 현실에서 하기 어려운 다양한 경험을 하고, 선택의 기로에서 고민도 해보고, 새로운 감정과 교훈을 얻기도 합니다. 그리고 이를 통해 공감, 상상력, 자아정체성 등 다양한 가치를 배우고 성장하게 되지요.

우리가 좋아하는 이야기의 작가들 역시 우리와 마찬가지로 잊을 수 없는 가슴 속의 이야기가 하나씩은 있습니다. 작가들은 어떤 이야기를 좋아했는지, 또 그 이야기로부터 어떤 영감과 영향을 받았을지 궁금하지 않나요? 비록 세상에 나온 지 오래된 작품일 수도 있지만, 정말 멋진 작품은 시간이 아무리 흘러도, 공간과 문화적 배경이 달라져도 우리에게 변하지 않는 감동과 즐거움을 줍니다. 그리고 우리는 그것을 '명작' 또는 '고전'이라고 부릅니다.

좋아하는 이야기의 작가들이 어떤 작품을 읽었는지, 또 그로부터 무엇을 배우고 어떤 영향을 받았는지 함께 살펴보며, 주변 친구들에게도 작가들이 그러했던 것처럼 내 인생의 중요한 책과 문장을 소개해볼까요?

나를 살아 있게 하는 문장

박시은(15세)

> "열정 없이 이루어진 업적은 없다."
> – 랄프 왈도 에머슨, 「원」 중에서(『타샤의 기쁨』에서 재인용)

저는 어떤 일을 시작하면 금방 지루해하고 제대로 끝낸 적이 없습니다. 그래서 잘하는 것이나 관심 있는 것이나 취미 같은 것이 거의 없습니다. 부모님께서는 제게 취미를 만들어주려고 피아노랑 바이올린을 가르쳐주셨습니다. 하지만 배워도 잘 늘지도 않고 재미도 없었습니다. 그래서 연습을 안 하다 보니 배운 내용을 다 잊어버렸습니다. 바이올린뿐만 아니라 퍼즐, 블록으로 집 만들기 등 돈을 쓰면서 취미를 억지로 만들려고 애를 썼습니다. 꾸준히 했다면 진짜 제 취미가 되었을 텐데, 중간에 모두 포기해버렸습니다. 시간이랑 돈만 투자하고 아무것도 얻은 게 없습니다.

그런 저에게 "열정 없이 이루어진 업적은 없다"라는 문장이 정말 확 와닿았습니다. 제가 스스로 열정적으로 한 일들이 없었다는 걸 깨달았고, 제가 왜 끈질기게 어떤 활동을 마무리하지 못했는지 반성하고 다시 생각하는 계기가 되었습니다. 그래서 제가 무엇이든 열정적으로 해서 좋은 결과를 만들어내야겠다고 결심하게 되었습니다.

전태화(17세)

"호우가 내리는 날 정적 속에서, 과거에 아야는 달리는 말을 보았다. 그렇다. 그때 느꼈던 감정과 똑같다. 세상이 내가 모르는 비밀의 법칙으로 이루어져 있다는 것을 깨달은 순간, 높고도 먼 창밖 어딘가에 느꼈던 두려움. 세상이 내가 모르는, 아니, 어쩌면 아무도 모를 더없이 아름다운 것으로 가득하다는 사실을 깨달은 순간, 나 자신이 너무나 보잘것없다는 사실에 놀람과 동시에 느꼈던 두려움. 그렇다. 나는 이 감정을 알고 있었다."

─온다 리쿠, 『꿀벌과 천둥』 중에서

    제가 이제껏 들은 최고의 연주는 귀가 아닌 눈으로 들은 연주입니다. 제가 세상에서 가장 좋아하는 책, 『꿀벌과 천둥』의 주인공 아야가 '두려움'을 느낀 후에 하는 연주는 제가 들은 연주 중 가장 아름다웠습니다. 자신이 좋아하는 것과 하나가 되는 순간을 담은, 그 순간으로 멋지게 달려 나가는 이 문장을 저는 가장 좋아합니다. 문장을 읽고서 저는 하고 싶은 일을 진정성 있게 하는 사람을 동경하기 시작했습니다. 사람은 자신이 좋아하는 무언가에 몰두해 있을 때 멋져 보이는 법이지요. 그래서 저는 제가 하고 싶은 일이 무엇인지 계속해서 찾아 나가기 시작했습니다. 저 문장은 제가 사진을 찍고 그림을 그리고 나의 이야기를 만들어가도록 도와주었습니다. 그리고 그것은 저를 아야의 연주만큼이나 빛나게 만들어주었지요. 우리 모두에게는 자신을 가장 빛낼 수 있는 일들이 있습니다. 그리고 그 일을 찾는 것이 무엇보다도 중요하다고 생각합니다. 우리 모두가 자신이 가장 하고 싶은 일을 할 수 있기를 진심으로 바랍니다.

나를 깨우치는 문장

최현우(16세)

"학생에게 학생다움을 강요하기 전에 학교가 학교다움을 먼저
갖추어야 했다."
ㅡ임정훈, 『학교의 품격』 중에서

이 문장은 저에게 큰 충격을 주었습니다. '난 왜 학교가 싫지?'라
는 생각이 이 책을 읽은 지 1분도 채 안 돼서 사라졌습니다. 저 문
장을 읽고 난 후 '나는 왜 우리가 학교에 맞춰 살아가야 한다고 생
각한 거지?', '법도 우리를 위해 바뀌는데 왜 학교는 우리를 위해
바뀌지 못하는 걸까?', '왜 나는 지금의 학교가 당연하다고 생각했
을까?' 등의 질문이 생겼습니다. 그야말로 이 한 문장이 저의 생각
을 180도 바뀌게 했습니다. 생각해보면 학교에서 당연히 누려야
할 우리의 권리가 있지만, 전혀 그렇게 생각하지 못했습니다.

학교가 학교다움을 갖춘다는 것은 학교를 통해 '나'를 알아가고
사회를 이해하며 새로운 세계를 꿈꾸고 만들 수 있는 곳이 된다는
것을 의미한다고 생각합니다. 한 번은 생각해야 합니다. 하지만 우
리의 머릿속에는 급식, 학원 숙제, 시험공부 등이 지배하고 있어서

삶을 위한 질문과 토론 1

문학

다른 생각을 할 틈이 없습니다. 학교는 학생들을 위한 곳임을 꼭 기억해야겠습니다.

김다민(15세)

"우린 지상에서 보낸 날들의 수만큼 사는 게 아니라 우리가 즐긴 날들만큼 사는 것이다."
- 헨리 데이비드 소로, 『소로의 문장들』 중에서

이 문장을 알기 전까지는 주말이면 아무것도 하지 않고 가만히 있는 날이 많았습니다. 가만히 있으면 편하기는 하지만 주말을 그냥 날려 보낸 것 같았는데, 주말에 뭐라도 하려고 명화 그리기 세트라는 걸 사봤습니다. 어렵기는 했는데 주말에도 손을 움직이니까 재미있기도 하고 시간이 잘 갔습니다. 저는 일상에서 할 수 있는 일들을 오래 즐기면서 살고 싶습니다.

이재경(15세)

"자신의 삶에서 시간성의 의미를 실제로 체득한 사람은 자신이 겪는 수많은 일들이, 그것이 좋은 것이든 나쁜 것이든 간에 우리 삶 안에 나름의 자리가 있으며, 서로 다양한 방식으로 관계를 맺고 서로 작용을 주고받고 있다는 것을 이해하고 받아들일 것입니다."

−최대환, 『나 자신부터 돌봐야 합니다』 중에서

시간성이라는 자체가 체득하기도 힘들지만, 체득한다면 자신의 나쁜 모습이나 좋은 모습을 모두 인정할 수 있게 되고, 더불어 다양한 자기의 모습을 잘 알게 되면 상황에 대처를 하거나 상대를 대할 때도 더 잘하게 될 것입니다. 저는 이 문장이 제 인생에 영향을 주었다고 생각합니다. 이 문장을 읽고 계속 시간성을 체득하기 위해 노력하게 되었기 때문입니다. 시간이 지나면서 점점 깊어지는 저를 만나고 싶습니다.

나를 알아가는 문장

임찬우(17세)

"내가 증오하는 것은 죽음과 불행이라는 것을 당신도 잘 알고 계십니다. 그리고 당신이 원하시든 원하시지 않든 간에 우리는 함께 그것 때문에 고생을 하고, 그것들과 싸우고 있습니다."

- 알베르 카뮈, 『페스트』 중에서

알베르 카뮈의 『페스트』에서 역병에 맞서 싸우는 의사 리유는 대책 없이 죽어 나가는 사람들을 가장 먼저 마주했습니다. 시간이 지날수록 도시에 고립된 사람들이 미쳐가는 광경 또한 목격했습니다. 끝없는 패배와도 같은 투쟁이었지만, 리유는 역병에 맞서 사람들을 살리는 일을 계속했습니다. 리유가 스스로 설명했듯 그는 영웅적인 목표를 가진 것이 아니라, 단지 죽음과 불행에 맞서 싸웠을 뿐입니다. 그런데 그의 그런 행위는 사람들에게 자유를 주었고, 무엇보다 강렬한 연대를 만들었습니다. 자유란 무엇일까요? 마스크를 쓰는 것이 의무화되고 공공장소에서 거리를 두고 앉는 것이 일상이 되었던 때, 사람들은 답답함을 느꼈습니다. 팬데믹이라는 상황이 끝나기만을 기대하며 제약이 없었던 과거를 그리워했죠. 일상을 잃었던 경험을 해보니, 리유가 했던 것처럼 연대를 통해 자유를 찾는 일이 얼마나 중요한지 깨달았습니다.

최준영 (16세)

"조금 뒤에 마리는 나에게 자기를 사랑하느냐고 물었다. 그런 것은 아무 의미도 없는 말이지만, 사랑하는 것 같지는 않다고 나는 대답했다."

– 알베르 카뮈, 『이방인』 중에서

　사랑은 무엇일까요? 어떤 감정일까요? 우리는 매일같이 다른 감정을 느낍니다. 그리고 때때로는 상대방에 맞추어 기분을 표현하기도 합니다. 이는 우리가 사회적 관계를 맺으며 살아가기에 발생하는 일입니다. 그러나 그러한 과정에서 우리는 우리 스스로에 초점을 맞추기보다, 남에게 나를 끼워 맞추게 됩니다. 그러다 보니 저는 제 감정도 잘 알아차리지 못하기도 합니다. 감정이 흐릿해지니, 내가 누구인지에 대해서도 점점 확신이 없어졌습니다. 닻도 내리지 않은 채로 성급하게 정박해버린 배처럼 방향을 잡지 못하고 여기저기로 흔들렸습니다. 소설의 등장인물인 '뫼르소'는 비록 남들이 자신을 이상하게 여길지라도 자기감정을 솔직히 대합니다. 마리가 자신을 사랑하든 하지 않든, '사랑'이라는 감정을 정확하게 알 수 없는 뫼르소는 '사랑하지 않는다'라고 솔직하게 이야기합니다. 또, '그런 것은 아무런 의미도 없는 말'이라고도 덧붙입니다. 사랑이라는 감정이 무엇인지 정확히 알 수 없는데, 아무리 사랑한다고 말해봐야 그 말이 어떤 가치를 지닐 수 있을까요? 정확하지 않은 단어에는 힘이 없습니다. 그리고 혼란스러운 감정 속에서 나 자신은 진정한 나로서 존재할 수 없습니다. 진정한 나를 찾는 과정은, 내 감정이 무엇인지 정확히 아는 것으로부터 시작하는 것이 아닐까요?

김보민(17세)

"죽은 후에 잊힐까 봐 걱정스러운지 묻더군."

"음, 실제로는 어떠신가요?"

"꼭 그렇지만은 않은 것 같아.

내게 친밀한 감정을 느끼는 사람들이 참 많네.

그리고 이런 사랑이란 우리가 이 세상을 뜬 후에도

그대로 살아 있기 위한 방법이지."

"꼭 노래 가사 같네요.

사랑은 살아 있기 위한 방법이라네."

교수님은 소리 내어 웃었다.

– 미치 앨봄, 『모리와 함께한 화요일』 중에서

가끔 살아가는 것이 현실감 없이 느껴질 때가 있습니다. 피로에 절어 있거나 잠에 취해서 몽롱하게 하루를 보내는 날들이 늘어납니다. 그러던 와중에 이 문장을 만나게 되었습니다. 미치의 인생 선생님인 모리는 죽음을 앞두고, '사랑은 살아 있기 위한 방법'

이라고 말합니다. 죽은 채로 살아가던 저에게 이 문장은 큰 울림을 주었습니다.

청소년들의 일상을 들여다보면 우리는 살아 있음을 느끼려고 애처롭게 악을 씁니다. 충동소비나 과소비를 하기도 하고, 반복되는 삶이 싫어 일탈하고자 좋지 않은 길로 빠지기도 합니다. 그런데 살아 있기 위해서 우리가 해야 할 일이 그저 사랑하는 것이라니, 처음에는 가당치 않다고 생각했습니다.

그런데 제가 행복하다고 느끼고 살아 있다고 느낀 순간들에는 항상 사랑이 깃들어 있었습니다. 비싼 음식을 먹을 때보다 사랑하는 사람과 저녁을 먹을 때 더 행복했고, 종일 잠만 자고 게임을 하는 날보다는 노래를 부르고 춤을 출 때 더 자유롭다고 느꼈습니다. 사랑에는 마법이 있습니다. 아무리 누추하고 사소한 것이라도 세상에서 가장 특별하게 만드는 마법이죠. 그리고 그런 마법들이 우리의 삶을 보다 아름답게 만듭니다. 개인적 차원에서 사랑은 곧 가정, 사회, 국가로 퍼져 이 세상을 살 만하게 만듭니다.

저는 친구들 사이에서 이상한 아이로 불립니다. 공부만 하기에도 바쁜 와중에 어떻게 그렇게 세상의 일에 관심이 많고, 친구들의 일에도 발 벗고 도와주려 하는지 도통 알 수가 없다고 말합니다. 그런 친구들에게 저는 저 문장을 보여주곤 합니다. 그리고 속삭입니다. "나는 사랑하는 게 너무 많거든."

🔍 함께 읽어볼 책

- 『눈먼 자들의 도시』주제 사라마구 지음, 정영목 옮김, 해냄, 2022
- 『데카메론 프로젝트』빅터 라발 외 지음, 정해영 옮김, 인플루엔셜(주), 2021
- 『레 미제라블』빅토르 위고 지음, 정기수 옮김, 민음사, 2012
- 『문학은 자유다』수전 손택 지음, 홍한별 옮김, 이후, 2007
- 『빅토르 위고와 함께하는 여름』로라 엘 마키 외 지음, 백선희 옮김, 뮤진트리, 2021
- 『나는 왜 쓰는가』조지 오웰 지음, 이한중 옮김, 한겨레출판사, 2010
- 『읽는 인간』오에 겐자부로 지음, 정수윤 옮김, 위즈덤하우스, 2015
- 『패트릭과 함께 읽기』미셸 쿠오 지음, 이지원 옮김, 후마니타스, 2022
- 『허클베리 핀의 모험』마크 트웨인 지음, 김욱동 옮김, 민음사, 1998

삶을 위한
질문과 토론 ― 2

역사·사회

나에게도 전쟁을 막을 책임이 있는가?

함께 나눌 질문

· 전쟁은 왜 일어나서는 안 될까?
· 전쟁을 멈춰야 할 책임이 나에게도 있을까?
· 전쟁이 우리에게 빼앗을 수 없는 것은 무엇인가?
· 전쟁을 멈추기 위해서 누구의, 어떤 노력이 필요한가?

러시아의 대문호 레프 톨스토이는 『전쟁과 평화』를 통해 "내가 판단하기에 역사적 사건에서 이른바 위대한 인물이 지니는 의미는 그리 크지 않다"라고 말했다. 역사는 한두 사람의 영향력 있는 사람이 만드는 것이 아니라 그 시대를 살아가는 사람들의 마음과 의지가 모이고 모여 만들어진 결과라는 것이다. 톨스토이의 말에 따르면 전쟁은 그 시대를 살아가는 서로가 서로를 인간으로 바라볼 수 없게 된 지경에 이르러야만 일어날 수 있는 거대한 사건이다.

20세기, 인류는 두 번의 세계대전을 경험했다. 세계전쟁이 일어난 계기와 사건에 대해서 역사책에 기록이 되어 있기는 하지만, 톨스토이의 말처럼 수많은 사람들의 목숨을 앗아가고 도시를 완전히 무너뜨린 전쟁이 한두 개의 사건으로 일어났을 리 없다. 작고 사소한 욕심이 켜켜이 쌓이고 쌓여 무수히 많은 갈등이 되었을 것이고, 해결되지 못한 갈등들은 분노와 혐오의 감정으로 변질되어 갔을 것이다.

제2차 세계대전이 핵무기라는 파괴적 힘으로 인해 중단된 후, 인류는 세 번째 세계전쟁을 막기 위해 부단히 애써왔다. 그리고 그 노력은 적어도 종전 후 70년도 더 지난 지금까지 효과가 있었다. 그런데 다시 전쟁의 그림자가 아주 가까이 다가온 것처럼 느껴진다. 러시아가 우크라이나를 침공한 지 1년이 훌쩍 넘었고, 중국이 대만을 공격할 수도 있다는 말을 공공연하게 하고 있는 등, 이 전쟁이 쉽게 끝나지 않을 것이라는 불행한 예측이 현실이 되어가고 있기 때문이다. 국제관계 전문가들은 이 전쟁이 단순한 두 국가 간의 갈등이 아닌 '세계화 시대의 종말'이라 말한다. 냉전 시대 이후 미국이라는 강력한 하나의 국가를 중심으로 모든 나라가 '신자유주의' 속에서 살아갔기 때문이다. 신자유주의란 권력의 개입을 자제하고 시장의 기능과 민간의 자유로운 활동을 중시하는 세계를 뜻한다. 쉽게 말하면, 자유롭게 무역하고 교류하는 세계였던 것이다. 그것이 우리가 지금까지 믿어왔던 '세계화'였는데, 러시아나 중국과 같은 나라에서 이에 반기를 든 것이 바로 이번 전쟁이라는 분석이다.

전쟁의 진짜 얼굴

"전쟁에는 승리자가 없다. 오로지 피, 파산, 그리고 우리 한 사 람 한 사람 마음속의 커다란 구멍만 남는다. 나는 먼 길을 왔고, 그 길에서 오로지 선하고 나를 도우려는 사람들만 만났다. 나는 사람을 민족 소속으로 나누지 않는다. 민족이 아닌 행동이 사람을 정의하기 때문이다. 많은 러시아인들도 전쟁을 반대한다는 것을 안다. 나는 이제 정확히 알고 있다. 전쟁이 있고, 사람들은 따로 존재한다는 걸. 전쟁은 사람을 신경쓰지 않는다. 전쟁은 나를 완전히 뒤흔들어놓았다. 지금 나는 국적과 민족을 불문하고 나를 도와주는 이들을 만난다. 이 사람들에게는 '힘'이 있다. 전쟁은 끝날 것이고, 힘센 사람들은 살아남을 것이다."
– 올가 그레벤니크, 『전쟁일기』 중에서, 14~15쪽, 이야기장수

전쟁이라 하면, 대부분 총성이 오가고 폭탄이 떨어지는 치열한 전투 현장이나 무섭게 날아가는 전투기와 맹렬한 기세로 달려오

는 탱크를 떠올릴 것이다. 이런 이미지들이 정말 공포스러운지 생각해보면, 그렇지 않다. 우리는 대부분 전쟁을 영화나 드라마에서 보았기 때문에, 그런 장면이 오히려 장엄하게 느껴지지, 전쟁이 일어날까봐 심장이 떨리는 두려움으로 느껴지지는 않는다.

우리 중 대부분은 전쟁을 실제로는 겪은 적이 없다. 그래서 전쟁이 실제로 얼마나 끔찍한지, 어떤 영향을 주는지, 우리에게서 무엇을 빼앗는지 모른다. 2015년 노벨 문학상을 수상한 스베틀라나 알렉시예비치는 『전쟁은 여자의 얼굴을 하지 않았다』에서 전쟁이 미디어에서 소비되는 것만큼 멋지고 감동적인 내용이 아니라는 사실을 밝혔다. 특히, 가족을 전쟁터로 떠나보내고 언제 적군이 들이닥칠지 알 수 없는 상황에 남겨진 여성이 겪는 전쟁의 모습은 고통과 불안, 분노와 좌절, 공포와 두려움이라는 것을 말했다.

『전쟁일기』는 우크라이나에서 전쟁을 겪은 작가가 쓴 글과 그림이다. 전쟁의 한복판에서 전쟁을 실제로 겪으며 빠르게 기록해나간 책의 곳곳에는 전쟁이란 무엇인지 깨닫게 하는 장면들이 나온다. 사랑스러운 두 아이의 어머니이자 귀여운 개와 고양이를 키우던 평범한 동화작가 올가 그레벤니크는 전쟁은 일상을 빼앗는 것이라고 설명한다. 돈이 아무 쓸모없는 숫자에 불과해지는 삶, 아이들을 지키고 싶어도 지킬 수 없는 삶, 불안과 공포가 익숙해지는 삶. 전쟁은 그야말로 모든 것의 파괴다.

『전쟁일기』와 같은 르포 작품을 읽으면 우리가 전쟁에 대해 가져왔던 생각이 아주 표면적인 수준에 그친다는 것을 알게 된다. 더불어 우리는 과연 전쟁을 어떻게 생각해야 하는지, 어떻게 받아들여야 하는지 생각해보게 된다.

전쟁의 시대, 우리는 무엇을 이야기해야 하는가?

전쟁은 하루라도 빨리 끝내야 한다. 시간이 지날수록 더 많은 고통이 발생할 수밖에 없기 때문이다. 그런데 전쟁터에서 멀리 있는 사람들은 시간이 지날수록 심각성에 대한 감각이 무뎌진다. 18세기 프랑스 계몽주의 사상가 볼테르가 포르투갈 리스본 대지진이 일어난 것에 대해 "리스본은 폐허가 되었는데, 여기 파리에서 우리는 춤을 추네"라는 시를 남겼던 것처럼, 극명하게 대비되는 운명 속에 우리는 점점 무감해진다. 타인의 고통에 공감하는 일은 과연 가능한 일일까?

이스라엘 작가 에트가르 케레트는 2022년 3월에 열린 제59회 볼로냐 어린이 국제 도서전에서 '전쟁의 시대, 우리가 말해야 할 이야기는 무엇인가?'를 주제로 강연을 했다. 그는 연단에 오르자마자 "저는 페이스북에 우크라이나 국기를 달지 않았습니다. 이것은 전쟁이지, 축구 경기가 아니기 때문입니다"라고 말했다. 그리고 이어서 자신의 어린 시절에 대해 말했고, 부모님이 늘 자기 전 들려주었던 이야기를 전했다. 부모님은 홀로코스트 생존자인데, 작가의 어머니는 수용소에 갇혀서도 유일하게 빼앗기지 않았던 것이 자신의 어머니가 자기 전 들려주었던 이야기였다고 아들에게 늘 말했다고 한다. 그래서 아들에게도 그 소중한 시간을 매일 선물해 주었는데, 가끔 어머니가 이야기를 들려줄 수 없는 날이면 아버지가 그 자리를 대신했다. 아버지의 이야기 속 인물들은 굉장히 현실적이었고, 마피아나 술주정뱅이처럼 문제적 인물이 다수였다. 심지어 아버지는 평행세계 이론을 말하며 "나치가 유대인 아이들을 잡아다가 초콜릿을 주는 세계"에 대한 이야기도 했다. 나치에게 피해를 입었던 아버지가 이런 상상을 하는 것이 이상했던 아들은 아버지에게 도대체 그 이야기의 핵심이 무엇인지 물었고, 아버지는 이렇게 답했다고 한다. "아들아, 세상은 흑과 백으로 나누어지는 것이 아니란다. 우리가 보는 세상은 너무 좁고 편협해. 다른 세상을 상상해야 한다. 완전히 다른 세계를 꿈꾸지 않으면, 절대 그 세계는 만들어지지 않아."

세상에는 참혹하고 비극적인 일들이 일어난다. 도무지 믿고 싶지 않은 일들이 너무 많이 일어난다. 이런 참혹한 모습을 제대로 보지 않고서 평화나 아름다움을 이야기한다는 것은 거짓일 것이다. 하지만 더럽고 깨끗하고, 악하고 선하고, 세상은 이렇게 반듯하게 나뉘지 않는다. 그래서 끊임없이 질문해야 한다. 도대체 무엇이 선하고 악한가? 무엇이 옳고 그른가? 과연 다른 세상은 가능한가? 그 세상을 만들기 위해서 지금 어떤 선택을 해야 하는가? 이런 질문 없이 우리는 결코 아름다운 세상, 평화로운 세계를 만들 수 없다. '평화'라는 말에만 갇혀서, '전쟁'이라는 단어에 익숙해져서는 절대 전쟁을 막을 수 없다.

케레트는 강연의 마지막에 이렇게 말했다. "우리는 종종 문학이나 예술이 세상을 고치기를 원하는 것 같습니다. 하지만 우리가 고쳐야 하는 것은 현실입니다." 우리에게 필요한 것은 고통에 무뎌지지 않기 위해 지금 일어나는 이 비극을 똑바로 직시할 용기다. 지금 눈앞에 있는 이 모습이 아닌, 전혀 다른 세상을 상상하고 염원하는 상상력이다.

인류라는 가족에 대한 믿음

전 세계 곳곳이 어지럽다. 코로나19로 인한 경기 침체도 아직 다 해결되지 않았는데 전쟁으로 식량과 에너지 자원 보급 등에 문제가 생기면서 물가가 지나치게 상승하고 있고, 경제의 불안정은 늘 그렇듯 가장 약한 자들에게 치명적인 고통을 안기고 있다. 엎친 데 덮친 격으로 점점 더 심해지는 기후위기는 극심한 식량난으로 이어지고 있고, 이것이 돌이킬 수 없는 비극으로 이어질 가능성도 어렵지 않게 예측할 수 있다. 식량부족은 사회의 갈등과 충돌을 심화할 것이고, 비상식적이고 폭력적인 선택들이 더 자주, 더 강하게 발생할 것이기 때문이다. 이미 그런 일이 아프리카나 남미의 몇몇 국가들에서 일어나고 있다. 우크라이나 사람들을 위해서만이 아니라, 전 세계 모든 사람들이 비극으로 향해 가지 않기 위해서 지금 당장 전쟁은 멈춰야 한다.

하지만 너무나 많은 국가가, 기업이, 기구가 전쟁을 멈추는 데 몸을 사린다. 지금 당장의 이해관계 때문일 것이다. 물론 쉬운 일은 아니겠지만, 그렇다고 해서 아주 불가능한 일은 아닐 것인데, 적극적으로 나서는 곳이 하나 없다. 마치 기후위기는 너무 심각해서 지금 당장 결단을 내리지 않으면 안 되는데, 그럴듯한 말만 하고 아무런 행동도 하지 않는 모습과 똑같다. 그러는 사이 가장 여리고 작은 생명들은 죽는다. 내가 아직 죽지 않은 것은, 나 역시 기득권 세력임을 말해주는 것이다.

누가 전쟁의 승자가 될 것인지는 중요하지 않다. 전쟁이 일어난 순간부터 파괴와 죽음이 있을 뿐이고, 생명의 파괴 앞에서 승리자는 있을 수 없기 때문이다. 중요한 것은 전쟁을 멈추는 방법과 이 전쟁이 세계화 시대의 종말이라면, 전쟁 이후에 우리가 만들어야 할 세계는 어떤 모습이어야 하느냐이다. 인류는 두 번의 거대한 세계전쟁을 치르며 황폐화된 모습을 겪었음에도, 또다시 돈과 권력이라는 탐욕에 매몰되었고, 국가라는 이름의 틀에 갇혀서 갈등을 해결하지 못했고 분노를 쌓아왔다. 그렇다면 근본적인 질문을 해보아야 한다. 세계화는 정말 있었나? 코로나19로 전 세계가 혼란에 빠진 지난 3년 동안 세계화는 어떤 기능을 했는가? 정말 힘을 모으고 연대해야 하는 순간, 자유로운 교류의 세계가 있었는가? 진정한 의미의 세계화는 아직 한 번도 성취한 적이 없는 것일지도 모른다.

일본 작가 무라카미 하루키는 라디오 방송에서 늙은이들이 일으킨 전쟁에 젊은이들이 죽고 있는 현실에 대해 비판했다. 전쟁은 가진 자들이 벌이고 가지지 못한 자들이 죽는 것이고, 가장 강한 자가 가장 약한 자를 공격하는 비겁하고 비열한 것이다. 옳은 전쟁, 정당한 전쟁은 가능하지 않다. 그런데 버젓이 전쟁이 일어나고 있는 현실에 대해 하루키는 "슬프다"고 말하며 전쟁을 반대하는 음악 11곡을 직접 선곡해 방송에 내보냈다. "음악으로 전쟁을 멈출 수는 없지만, 듣는 사람들이 '전쟁을 멈추어야 한다'라는 생각을 갖게 하는 힘이 있다고 믿습니다"라고 말하면서.

이스라엘 출신의 세계적인 지휘자 다니엘 바렌보임 역시 똑같은 이야기를 했다. 2005년, 다니엘 바렌보임은 '서동시집 오케스트라' 프로젝트로 팔레스타인의 임시수도인 라말라에서 오케스트라 공연을 했다. 오랫동안 영토 분쟁을 하고 있는 이스라엘과 팔레스타인의 관계에 새로운 희망을 만들고자 기획한 공연이었다. 공연 중에 마이크를 잡은 다니엘 바렌보임은 이렇게 말했다. "우리의 이 연주가 전쟁을 멈출 수 있다고 생각하지 않습니다. 하지만 평화를 향한 마음은 불러일으킬 수 있습니다. 그것이 예술의 힘입니다. 저는 예술의 힘을 믿습니다."

> "바로 거기, 가스계량기가 있는 나무복도에서 할머니가 말했다. 너는 돌아올 거야.
>
> 그 말을 작정하고 마음에 새긴 것은 아니었다. 나는 그 말을 대수롭지 않게 수용소로 가져갔다. 그 말이 나와 동행하리라는 것을 몰랐다. 그러나 그런 말은 자생력이 있다. 그 말은 내 안에서 내가 가져간 책 모두를 합친 것보다 더 큰 힘을 발휘했다. 너는 돌아올 거야는 심장삽의 공범이 되었고, 배고픈 천사의 적수가 되었다. 돌아왔으므로 나는 말할 수 있다. 어떤 말은 사람을 살리기도 한다."
>
> ─헤르타 뮐러, 『숨그네』 중에서, 17쪽, 문학동네

제2차 세계대전을 배경으로 그려진 소설 『숨그네』에는 오직 죽

음으로만 향해 가는 시간 속에서도 살고자 했던, 살아 있었던 사람들의 이야기가 담겨 있다. 소설 속 주인공 '레오폴트 아우베르크'가 수용소로 떠나던 날 할머니가 말했던 "너는 돌아올 거야"라는 말에 대해 생각해본다. 그 어떤 희망도 가질 수 없는 순간, "너는 돌아올 거야"라는 말은 한 사람의 생명을 지탱하는 불씨가 되었다. 소설 속 이야기가 아니다. "너는 돌아올 거야"라는 말은 주인공의 실제 모델인 시인 오스카 파스티오르가 강제수용소에 끌려가던 날 들었던 것이었고, 그 말은 정말로 시인을 살렸다.

우리에게는 어떤 말이 있는가? 평화를 불러일으키는 음악이, 우리를 살게 하는 말이 있는가? 없다면, 찾아야 한다. 그렇지 않으면, 이대로 죽음의 언어가 이 세상을 잠식하게 둔다면, 우리는 세계대전을, 꼭 전쟁의 형태가 아니더라도 그에 준하는 혼란과 고통을 겪게 될 수밖에 없다. 역사는 반복되기에, 똑같은 실수를 반복하지 않을 수 있다. 가장 극한의 고통을 겪고서 반성하고 성찰하기엔 그 고통의 크기가 너무 크다. 지금도 이미 너무 많은 상처가 났다. 이제 정말 멈춰야 한다.

"아이들이 짓이겨져서는 안 됩니다. 이것은 단순한 바람이 아니라 명령이고, 율법입니다." 제1, 2차 세계대전을 겪으며 아이를 잃은 모든 어머니를 대변했던 화가 케테 콜비츠가 마지막 목탄화를 그린 후 남긴 일기이다. 전쟁은 멈춰야 한다. 모든 전쟁은 반드시 멈춰야 하고, 인류는 하나의 가족이어야 한다. 이 말이 우리 인류를, 세계를 살게 할 것이다.

많은 사람의 마음이 모여 전쟁이 일어났듯, 전쟁을 끝낼 수 있는 힘 역시 많은 사람의 의지가 모여야만 가능하다. 그리고 그 의지는 완전히 새로운 세계를 향한 것이어야 한다. 미국 중심의 세계가 깨어지고 몇 개의 나라가 비슷한 힘을 나눠 가진다고 해서 더 좋은 세계가 될 리 없다. 우리 모두가 가족이라고, 오직 우리가 맞서 싸워야 하는 것은 부정의와 폭력뿐이라고 외쳤던 수많은 의인들이 우리 인류의 기억 속에 남아 있다. 그들의 정신이 사라지지 않고 기억되는 것 역시 인류가 가진 힘이다. 우리는 이 힘을 더 키워야 한다. 그리고 그 힘이 전 세계를 연결시키는, 진정한 세계화, 하나의 공동체로서 세계를 만들어야 한다.

우크라이나와 러시아의 전쟁을 생생하게 다룬 『당신은 전쟁을 몰라요』의 저자 예바 스칼레츠카는 겨우 열두 살입니다. 우크라이나에서 살던 예바는 어느 날 갑자기 삶을 송두리째 바꾼 전쟁을 마주치지요. 전쟁을 피해 고향을 떠났지만, 아직도 충격과 공포는 사라지지 않고 예바와 가족을 괴롭힙니다.

여전히 전쟁이 끝나지 않았고 아무것도 해결되지 않았지만, 세계는 서서히 전쟁을 잊어가고 있습니다. 미국에서는 우크라이나 전쟁에 대한 이야기가 '피로감'을 유발한다고 이야기하는가 하면, 세계 곳곳에서는 전쟁 그 자체보다 가스, 밀가루 등 경제적인 이야기에 더 열을 올리기도 합니다. 예바의 말처럼 전쟁을 겪어보지 않고는 전쟁이 정말로 무엇을 의미하는지 잘 모르기 때문인 것 같습니다. 겪어보지 않은 일을 상상하고 공감하는 일이 쉽지는 않겠지요. 하지만 예바의 목소리에 더 귀를 기울여보면 조금이나마 전쟁의 참상을 이해할 수 있을 것입니다.

예측 불가능하고 일상적이지 않으며, 결코 익숙해질 수 없는 것이 전쟁입니다. 내가 전쟁터에 있다면 어떨지 그 괴롭고 참혹한 마음에 가닿으려는 시도야말로 전쟁을 막을 수 있는 첫 번째 방법이 아닐까요? 전쟁으로 우크라이나를 떠나야만 했던 열두 살 소녀 예바의 이야기를 담은 『당신은 전쟁을 몰라요』를 읽고, 우리가 전쟁을 겪는다면 어떤 마음일지, 왜 우리는 그동안 전쟁을 이렇게나 모른 채 살아왔는지, 전쟁은 왜 없어져야만 하는지 이야기해봅시다.

전쟁은 우리의 일상을 어떻게 망가뜨리는가

박성빈(14세)

『당신은 전쟁을 몰라요』는 우크라이나 전쟁이 일어난 2022년 2월 24일부터 아일랜드로 갈 때까지 12세 소녀 예바의 여정을 담고 있습니다. 우크라이나 전쟁으로 예바의 고향 하르키우는 본래의 모습을 잃고, 주변 사람들 모두 공포와 불안에 휩싸이게 됩니다. 예바는 할머니와 함께 이 지옥 같은 상황을 벗어나려 노력했고, 결국 전쟁터를 벗어나 아일랜드로 가게 됩니다.

예바의 인생에 우크라이나 전쟁은 얼마나 큰 영향을 미쳤을까요? 무엇보다 안전한 환경에서 기본적인 교육을 받아야 하는 시기에 전쟁 때문에 교육받지 못하는 것이 가장 슬픈 일이라고 생각합니다. 또한, 전쟁은 정신적인 고통과 스트레스를 많이 줄 것입니다.

경험하지 않았기 때문에 제대로 알진 못하지만, 전쟁이란 '참혹' 그 자체인 것 같습니다. 저는 처음에 전쟁이라고 하면 건물이 부서지고 사람들이 피난하는 정도로밖에 생각하지 않았습니다. 그러나 책을 읽은 후 지금은 전쟁 피해자들의 심정을 이해하고 공감하는 마음이 들었습니다. 시리아 내전이나 이스라엘-팔레스타인 전쟁을 뉴스에서 들었을 때도 '안타깝다'라는 생각만 했습니다. 그러나 누구에게나 일어날 수 있는 이 전쟁이 얼마나 끔찍한 일인지, 살아남은 사람들, 다른 나라 사람들까지 참혹함과 공포에 시달리게 되는 것이라는 걸 이제는 알게 되었습니다.

김도은(14세)

전쟁은 자연재해처럼 예상하지 못한 상황에서 일어납니다. 만약 가족과 떨어져 있다가 갑자기 전쟁이 일어나면 어떻게, 어디에서 다시 부모님을 만날 수 있을까요? 친한 친구들은 물론 늘 볼 수 있었던 주변 사람들을 만나기 힘들어지니까 그게 가장 괴로울 것 같습니다. 게다가 전쟁이 심해지면, 사람이 죽어가는 모습을 실제로 보게 될 것이고, 그런 일은 전쟁이 끝나도 큰 트라우마로 남게 될 것입니다. 내 목숨이 위태로운 상황, 가까운 사람이 죽게 되는 그런 상황을 실제로 겪게 된다면, 그 공간에 살아 있는 자체가 힘들고 괴로운 일이 되지 않을까요?

이나라(14세)

만약 제가 전쟁터에 있다면 처음엔 죽을 수도 있다는 두려움, 오늘이 마지막이 될 수 있다는 생각에 괴롭고 힘들 것입니다. 그리고 죽을 수도 있다는 두려움은 '어차피 곧 죽을지도 모르는데 무엇이든 열심히 할 필요가 있나?', '굳이 열심히 해야 하나?'라는 생각으로 이어져서 살아갈 의욕을 잃게 될 것입니다. 무기력한 마음에 더해 내가 없는 세상에 대한 상상, 내가 하지 못한 일들에 대한 아쉬움, '왜 내가 이런 걸 겪어야 하지?'라는 억울함이 몰려와 제대로 생활을 이어 나갈 수 없을 것입니다. 이런 생각은 전쟁이 끝나더라도 이어지겠지요. '왜 나만 살았지?', '내가 살지 않았다면 다른 사람이 살았을까?', '나는 어떻게 해야 했을까?'라는 죄책감이, 어제까지 같이 있었던 사람이 없다는 그 허무함이 고통스럽겠지요. 일단 전쟁이 일어나면 단 한 순간도 그전과 같이 행복할 수는 없을 것입니다.

전쟁의 얼굴을 보다

정윤진 (16세)

저는 전쟁이 어떤 것인지 모릅니다. 몰랐다는 사실을 이 책을 읽고 나서야 깨달았습니다. 물론 영화, 기사, 책 등에서 전쟁을 접해본 적은 있습니다. 그러나 이는 수치의 나열이나 기록, 혹은 소설이었습니다. 저는 전쟁에서 살아남은 사람들의 삶에 대해서는 전혀 알지 못했습니다. 그러나 예바의 일기를 통해 저는 전쟁의 진짜 모습은 무엇인지, 전쟁이 왜 절대 일어나서는 안 되는지, 그리고 전쟁을 경험하지 않은 우리가 얼마나 전쟁에 무지한지 알 수 있었습니다.

지금, 이 순간에도 전쟁을 겪고 있는 사람들에게는 한 가지 소망이 있습니다. 바로 전쟁이 멈추고, 다시 평화가 찾아와 고향으로 돌아가는 것입니다. 그러나 집과 마을은 전쟁으로 폐허가 되었고, 남은 건 아무것도 없습니다. 예바는 '난민'이라는 단어에 슬픈 감정을 느낍니다. 집을 잃는다는 것, 다시 돌아갈 곳이 없다는 것은 얼마나 잔인한 일일까요?

예바의 목소리가 담긴 이 책을 통해 전쟁으로 인해 모든 것을 잃은 사람들의 이야기를 들을 수 있었습니다. 전쟁을 그저 있어서는 안 될 일, 비인간적인 일로만 여기고 깊이 생각하지 못한 저 자신이 매우 부끄럽게 느껴집니다. 저는 전쟁이 무엇인지 알고 있다고 생각했는데, 머리 위로 미사일이 떨어지는 일, 옆에서 사람이 죽어가는 일, 집이 송두리째 없어지는 일을 생각해본 적이 없습니다.

전쟁 속 삶은 사람의 정신과 몸을 망가뜨립니다. 내일이 분명하다는 게 얼마나 소중한 건지 전쟁을 겪은 사람들은 압니다. 저는 이 공포 속에서 믿음을 잃지 않고, 너무나도 두렵지만 꿋꿋하게 이겨낸 예바와 그녀의 친구들이 대단하다고 느껴집니다. 예바가 글로 목소리를 내는 것은 어쩌면 이 참혹한 상황에서도 용기를 버리지 않고, 자신을 잃지 않기 위해서가 아닐까요? 예바의 글을 읽으며 숨어 살았지만 끝까지 희망과 꿈을 버리지 않았던 『안네의 일기』와 새로운 미래를 그리며 할 수 있는 모든 노력을 다했던 청년들의 이야기를 담은 『다라야의 지하 비밀 도서관』이 떠올랐습니다. 감당하기 어려운 상황에 있더라도 꿈과 희망을 버리지 않고 살아가는 모든 사람에게 응원의 메시지를 보내고 싶습니다.

김세원(15세)

저는 전쟁이 발생한 이유도, 도움이 끊기는 이유도 결국엔 욕심 때문이라고 생각합니다. 다른 사람의 입장과 상황에 공감하며 공존하지 않고, 내가 더 잘 살고자 하는 욕심. 전쟁은 곧 '욕심'입니다. 한번 맛보면 시야가 캄캄해져 주위를 돌아보기 어렵고 빠져나올 수도 없는, 중독성이 강한 게 바로 욕심이죠.

이런 욕심을 이기는 것은 이야기입니다. 평소 내 생활이 전쟁과는 관련이 전혀 없어서 참혹함을 잘 알지 못했는데, 책으로 예바의 이야기를 들으면서 전쟁이 한 사람의 인생을 완전히 바꾸어놓았고, 더 이상 그 고통을 잊을 수 없을 것이라는 생각이 들었습니다.

책을 읽고 알게 된 전쟁의 진짜 모습은 너무나 충격적이고 복잡했습니다. 예바의 입장을 알게 되니까, 전쟁에 나선 다른 사람들, '그렇다면 군인들은 어떨까?'라고 상상력을 넓히게 됩니다. '내가 예바라면?'이라는 상상으로도 많이 힘든데, 군인이나 가족들, 이웃들 모두의 마음을 헤아려보니 슬픔이 너무 커졌습니다. 아마 우크라이나 군인들은 러시아 군인들을 물리친다고 행복해지지 않을 것입니다. 전쟁의 공포와 사람을 해치는 데서 생기는 마음의 상처는 쉽사리 아물지 않기 때문입니다.

장희원(15세)

열두 살 예바는 생일에 친구들과 즐거운 파티를 하고, 그림 그리기와 피아노 연주를 즐기며 행복한 학교생활을 하는 평범한 소녀입니다. 전쟁을 겪기 전까지는 그랬죠. 2022년 2월 24일, 집 근처에서 폭발음이 들리고, 지하 대피소로 황급히 몸을 옮기면서 예바의 삶은 달라지기 시작합니다. 집을 떠나 지하 대피소에서 지내며 필요한 물품을 사기도 쉽지 않습니다. 더 큰 위험으로부터 멀어지기 위해 결국은 친구들과도 모두 헤어져 난민 신세가 되어 국경을 넘게 됩니다.

만 나이로 12세이니 저와 또래겠지요. 고통스러울 것이라고 예상하지 못한 것은 아니지만, 책 속에서 적나라하게 드러나는 상황에 다시 충격을 받았습니다. 앞으로의 미래를 향한 꿈을 키우고, 한창 꾸미는 것에도 관심이 생기고, 사춘기라서, 어려서 그래, 라는 말로 이해받아야 할 우리와 다름없는 아이들이었습니다.

어른들의 이기심으로 인한 전쟁에서 소중한 청춘과 배움의 시기를 속수무책 빼앗기고, 슬픈 시간으로만 어린 시절을 기억하게 될 그곳의 아이들이, 참 평범한 나의 친구로 느껴져서 또래로서 너무 미안했습니다. 잠시 '어떡해'라고 생각한 후 그 친구들을 잊고 사는 것이 너무 미안했습니다. 긴박한 대피의 순간, 친구들과 계속해서 주고받는 메시지, 두려움에 떠는 매 순간의 기록이 너무나 생생해서, 그리고 이 전쟁이 현재진행형이라는 사실이 더욱 절망적으로 다가왔습니다.

우리는 왜 전쟁을 잘 모를까?

박성빈(14세)

사람들이 전쟁에 대한 편견을 가지는 까닭은 언론에 나오는 정보들만을 믿기 때문이라고 생각했습니다. 사람들은 대부분 언론을 통해 전쟁의 정보를 얻지만, 언론은 경제적·사회적 타격에 대한 정보를 주로 제공할 뿐입니다. 심지어 이 정보는 조작된 것일 수도 있습니다. 그곳 사람들의 고통을 좀더 진지하게 보도할 의무가 있습니다.

실제의 전쟁은 사람들의 인생을 파괴하며 앞으로 살아갈 희망을 잃게 합니다. 사람들의 목숨을 앗아가고, 다른 사람들에게도 공포심과 아픔을 줍니다. 또 전쟁은 모든 사람이 정상적인 일상생활을 할 수 없게 합니다. 결국 전쟁은 모두에게 피해를 주는 것입니다. 이렇게 고통만을 주고 모든 것을 앗아가는 위험한 존재이기 때문에 시리아 내전, 팔레스타인 분쟁, 그리고 휴전 중인 한국전쟁 등 세계의 모든 전쟁은 사라져야 합니다. 전쟁하는 나라는 물론, 세계와 모든 시민 등이 경제적·사회적으로 큰 피해를 봅니다. 그러니 다 같이 살아가기 위해 전쟁을 멈추는 것은 어떨까요?

김리우(15세)

　전쟁이란 문명의 그림자입니다. 우리는 지금 정말 많이 발전했죠. 오스트랄로피테쿠스 때에는 모두 극한의 상황에서 살아남기 위해 뭉쳐 살았다고 합니다. 지금 인류는 모든 자원을 개발하고 지구를 정복했습니다. 그러다 보니 편을 나누고 각자 만든 무기로 서로를 죽이게 되었습니다. 모든 생명은 서로 싸웁니다. 하지만 힘센 자들의 싸움에 아무 죄 없는 피해자가 생기는 것은 인간밖에 없습니다. 인간의 싸움은 고래 싸움에 새우등이 다 터지는 꼴입니다. 어른들의 자존심과 이익 싸움은 열두 살 아이에게 공황발작을 일으키게 하고 언제 공격당해 죽을지 모른다는 극한의 공포 상황에 몰아넣습니다. 이 일이 과연 우리와 먼 이야기일까요? 아니, 그렇지 않습니다. 우리는 그저 '운이 좋게도' 전쟁이 무엇인지 모르고 살아가고 있는 것일 뿐이죠.

　저는 '전쟁'이라고 하면 어른들끼리 총을 쏘고 장갑차가 지나다니는 이미지가 머리에 그려집니다. 하지만 이 책을 읽고 난 지금, 이제 두려움에 떨고 있는 어린아이가 생각나고, 조금의 식량을 사기 위해 줄을 선 사람들과 급하게 피난 가는 사람들, 지하실 창문을 테이프로 붙이고 있는 사람들이 생각납니다.

　대다수의 전쟁에 관한 기록물은 전쟁을 싸우는 사람들의 이미지로 가득 채웠지만, 실제 전쟁은 그 피해를 보는 사람들의 모습을 하고 있습니다. 예바와 친구들은 채팅으로 무섭다고 하며 서로를 위로해주는데요. 저는 이 장면을 보고 너무 마음이 아팠습니다. 아이들에게 이런 아픔을 주어서는 안 됩니다. 어른들은 아이들에게 이 세상에 태어난 건 축복받을 일이며 이 세상은 살아갈 만한 세상이라고, 삶이란 아름다운 것이란 걸 알려주어야 합니다.

물론 진실을 아는 게 때때로 필요할 수 있습니다. 아이들에게 '지성의 비관주의, 의지의 낙관주의'를 알려주어야 합니다. 세상에 일어날 수 있는 가장 최악의 상황까지도 생각해야 하지만, 동시에 그 일을 막을 수 있다는 의지를 가지라는 말로, 이탈리아의 안토니오 그람시라는 사상가가 자주 썼던 말입니다. 책에도 이런 문장이 있습니다. "전면전이라는 단어가 끔찍하게 느껴진다. 그 단어는 인간의 영혼에 공포를 불어넣는다. 내 영혼은 고통에 비명을 지른다. 하지만 계속 살아가야 한다. 안전하게 버티고, 전쟁이 곧 끝나서 우리에게 평화가 찾아올 거라는 희망을 버리면 안 된다."

예바는 지극히 평화롭던 삶이 한순간에 무너지고 친구들과도 떨어졌지만, 그 속에도 희망을 버리지 않았습니다. 아파트 지하실에서 카드 게임을 하며 공포를 이겨내는 장면만 봐도 알 수 있습니다. 책은 저에게 전쟁이 아이들의 삶을 어디까지 끌어내릴 수 있는지를 알려주었지만, 동시에 그 최악의 상황에서 어떻게 희망을 버리지 않고 이겨내야 하는지를 알려주었습니다.

전쟁을 멈춰야 하는 이유

김가언(14세)

전쟁을 더 큰 정의를 위해서라고 포장하는 사람들이 있습니다. 주로 전쟁을 일으키는 사람들입니다. 하지만 저는 이 세상에 그런 건 없다고 생각합니다.

세계인권선언문 제3조에 따르면 모든 사람은 자기 생명을 지킬 권리, 자유를 누릴 권리 그리고 자신의 안전을 지킬 권리가 있다고 되어 있습니다. 하지만 전쟁이 일어나면 자신의 생명과 안전을 지키지도 못하고, 자유롭게 일상생활을 하는 것도 불가능해지기 때문에 인권을 심각하게 침해당하게 됩니다. 또 제25조에 따르면 모든 사람은 먹을거리, 입을 옷, 주택, 의료, 사회 서비스 등을 포함해 가족의 건강과 행복에 적합한 생활 수준을 누릴 권리가 있다고 되어 있는데, 이것 또한 전쟁이 일어날 경우 행복에 적합한 생활 수준을 유지하지 못하게 될 것입니다. 결국 더 좋은 목적을 위해 전쟁을 일으킨다는 건 말도 안 되는 것입니다.

박혜원(15세)

전쟁은 집과 터전을 부숩니다. 미사일은 건물 외벽을 뚫고 집 안을 뒤집어 가족을 짓뭉갭니다. 우정과 기쁨과, 편안함과 완벽했던 일상이 무너져 내립니다. 전쟁은 당연하고 평범한 일상을 불가능하게 하고, 일상적인 행복을 심각하게 파괴하지요. 예바처럼 다른 나라로 건너가 지금은 안전하게 살고 있더라도, 전쟁 전의 일상과는 절대로 같아질 수 없다고 생각합니다.

초등학교 때 한 선생님께서 당신의 할머니 이야기를 들려주신 적이 있습니다. 6·25전쟁을 겪었던 할머니께선 지금까지도 한 달이 넘게 쓸 수 있는 비상식량을 구비해두어야 안심하고 생활하실 수 있다고 합니다. 아무리 과거보다 더 나아져도, 다시 평화가 찾아와도 전쟁 이전의 삶은 돌아오지 않습니다. 전쟁의 피해자들은 언제 어디서든 공포를 품고 살아가게 됩니다.

예바는 책에서 우리는 아이들이기에 평화롭고 행복한 삶을 살아야 한다며 일기를 끝마칩니다. 우리는 모두 한 인간으로 평화를 누릴 권리가 있습니다. 전쟁에서 멀어져 일상을 누릴 권리가 있습니다.

🔍 함께 읽어볼 책

- 『강대국만 핵무기를 가져야 할까?』 조홍식 지음, 나무를심는사람들, 2021
- 『당신은 전쟁을 몰라요』 예바 스칼레츠카 지음, 손원평 옮김, 생각의힘, 2023
- 『숨그네』 헤르타 뮐러 지음, 박경희 옮김, 문학동네, 2010
- 『전쟁과 평화』 레프 니콜라예비치 톨스토이 지음, 박형규 옮김, 문학동네, 2017
- 『전쟁은 여자의 얼굴을 하지 않았다』 스베틀라나 알렉시예비치 지음, 박은정 옮김, 문학동네, 2015
- 『전쟁은 일어나지 않는다는 착각』 이진우 지음, 휴머니스트, 2022
- 『전쟁일기』 올가 그레벤니크 지음, 정소은 옮김, 이야기장수, 2022
- 『죽음의 수용소에서』 빅터 프랭클 지음, 이시형 옮김, 청아출판사, 2020

철학

인간의 불평등은 극복할 수 없는 문제인가?

(함께 나눌 질문)

· 왜 우리는 불평등을 감수하는가?
· 정치의 목적은 무엇인가?
· 인간이 존엄하다는 것은 무엇을 뜻하는가?
· 삶에서 의미를 추구한다는 것은 무엇을 뜻하는가?

세계 불평등 연구소(World Inequality Lab)에서 발행한 '2022 세계 불평등 보고서'에 따르면 전 세계 상위 10%가 전체 소득의 52%를, 부의 경우에는 76%를 가지고 있다. 노동으로 벌 수 있는 것보다 자본의 증식으로 얻는 수익이 점점 더 커져서 불평등이 심해지고, 그 부가 세습되어 계층 이동이 불가해지는 세습자본주의는 더욱 심각한 문제가 되고 있다. 소수의 몇몇이 부유해지는 동안 점점 더 많은 사람이 극심한 빈곤에 시달리게 되고, 그 빈곤은 교육, 건강, 주거, 식량과 같이 가장 기본적인 권리에서 다양한 형태로 사람들에게 고통을 주고 있다.

국제구호개발기구 옥스팜(Oxfam)은 코로나19 이후 발생한 가난과 불평등에 맞서 싸우지 않는다면 세계는 지속가능하지 않다고 말한다. 또, 불평등은 수많은 사람을 죽음으로 몰아가고 있는데, 이것은 우연이 아니라 우리의 선택에 의해 일어난 일이라고 경고했다. 현대 문명과 자본주의 사회를 비판했던 이반 일리치는 자유와 해방을 빼앗는 파괴적인 부에서 벗어나기 위해 돈을 좇는 일이 아니라 기쁨과 보람을 주는 일을 찾고, 사색하는 삶을 선택할 수 있는, 즉 다른 삶의 방식을 상상하고 숙고하고 창조해야 한다고 말했다.

경제학자 토마 피케티는 과거에 축적한 자산이 현재 축적되는 자산을 압도하면 불평등이 극대화된다고 말하면서 "과거가 미래를 잡아먹는 것"이라고 했다. UN에서 식량특별조사관으로 활동하면서 전 세계의 식량 불평등을 목격한 장 지글러는 인간의 자유를 탄압하는 모든 제도와 체제는 파괴되어야 한다고 말한다. 수정과 개선의 여지는 없다. 인간을 인간으로 대하기 위해서 노예제나 여성 차별을 제도적으로 남겨둘 수 없는 것처럼, 인간 삶의 많은 부분을 하찮고 쓸모없게 만드는 자본주의를 그대로 둘 수 없다고 강력하게 주장한다.

현재 우리의 선택으로 미래가 파괴적이고 불평등하며 절망적이고 비인간적이기를 원하는 사람은 없을 것이다. 새로운 세계를 만들기 위해서는 새로운 가치관과 삶의 방식이 필요하다. 프랑스 혁명 당시 민중들이 가족들을 지키고 인간답게 살기 위해 봉건제 폐지를 외치고 헌법을 제정했던 것처럼, 우리나라 시민들이 독재정권 당시 무고하게 죽어가는 사람들을 살리고 진실을 알리기 위해 거리로 나서 민주화 운동을 했던 것처럼, 불평등한 세계를 감수하지 않고 자유로운 인간으로 거듭나기 위해서는 무엇을 생각하고 바꿔야 하는가?

인간 광기의 역사

왜 세계에는 식량이 넘쳐나는데 굶어 죽는 사람들이 존재하는가? 왜 질병은 가난한 사람들에게 먼저 찾아오는가? 이렇듯 한 꺼풀만 벗겨 생각해도 적나라하게 드러나는 모순을 왜 우리는 그대로 방치하는가? 우리는 왜 책임질 수도 없는 일들을 과감히 감행하는가? 알 수 없는 것, 보이지 않는 것, 확신할 수 없는 것에 대해서는 더 신중하고 더 치밀하며 더 겸손하게 반응하는 것이 당연지사여야 한다. 하지만 인간의 역사는 언젠가부터 그 흐름을 거슬러 올라가고 있다. 보이지 않는데도 보이는 척하는 것이 발전이고, 확신할 수 없는 것에 대해서는 그럴듯해 보이는 방향으로 우선 하고 보는 것이 투자이자 비전의 실천이다. 인간이 내린 그러한 오만한 결정으로 고통받는 것은 힘없고 가난한 사람들과 목소리를 내지 못하는 동·식물들이다. 무엇이 우리의 눈을 이토록 가려버린 것일까? 곳곳에 존재하는 고통들을 지속하고 유지하게 시키는 그 부당한 힘의 기원은 무엇일까?

전 지구적인 불평등 심화의 중심에는 자본주의가 있다. 자본주의를 인간 역사에서 이어져 온 '광기'의 연장선으로 보는 학자가 있다. 세계대전의 피해자였던 폴란드 출신의 유대인 사회학자 지그문트 바우만은, 영어로 쓴 그의 첫 저서인 『현대성과 홀로코스트』에서 유대인 학살과 같은 '광기'가 야만적이고 비합리적인 것이 아니라 오히려 합리적이고 생산적인 '현대성'의 발현이라 말한다. 제2차 세계대전을 일으킨 나치는 게르만족의 특별한 우수성을 주장했고 유대 민족이 그러한 게르만족의 생존과 번영을 방해하고 있다는 커다란 명분 아래 가장 '합리적'인 방법으로 그들에게 무자비한 고통을 가할 수 있었던 것이다. 지금, 가해자와 피해자는 바뀌었지만 본질적으로 이와 비슷한 형태인 '발전'과 '성장'이라는 명분 아래 '합리적'인 고통들이 발생하고 있다. 그러나 언뜻 합리적으로 보이는 이 논리에는 나치의 논리가 그러했듯 광기가 서려 있다.

인간의 광기는 어디서부터 비롯하는 것일까? 17세기 프랑스 수학자 블레즈 파스칼은 "인간은 필연적으로 미칠 수밖에 없다. 미치지 않는다면 그것은 또 다른 형태의 광기에 해당한다"라고 말했다. 그가 인간을 '필연적으로 미칠 수밖에 없는 존재'로 정의하는 근거는 인간이 다른 짐승들과는 달리 스스로의 유한함을 자각하는 존재라는 데 있다. 다른 종들에 비해 상대적으로 연약한 육체를 지닌 종이었던 인간은 도구 사용을 시작으로 문명을 발달시켜 자연적 한계를 극복하는 데 어느 정도 성공했다. 하지만, 인간이 굶주림을 피하기 위해 농사를 짓고, 비바람을 막아줄 옷을 제작하고, 맹수로부터 지켜줄 안전한 집을 만들어도 극복할 수 없었던 하나의 자연이 있었으니, 그것은 이 모든 노력들에도 불구하고 필연적으로 다가오는 생명의 유한성, 곧 죽음이었다. 인간은 살고자 하지만 죽을 수밖에 없는 이 딜레마에서 벗어날, 혹은 그 딜레마 자체를 망각할 방법을 찾기 위해 다양한 장치를 고안해왔다. 지그문트 바우만에 따르면 그 장치가 바로 우리가 '사회' 또는 '문화'라고 부르는 것들로, "모든 문화체제들은 저마다 삶의 의미를 만들어내고 전파하면서 유지되고, 모든 질서는 초월하고자 하는 욕망을 교묘히 이용함으로써 유지된다." 즉, 모든 사회와 문화체제들은 유한한 인간의 삶에 그 삶을 넘어서는 초월성을 부여하는 '의미를 만들어내는 공장'이며 그 '의미'란 절대적 진리가 아니라 다만 그 공동체 안에서 합의되고 공유된 하나의 '광기', 또는 믿음 체계이다.

국가와 가족, 그리고 종교와 같은 대표적인 문화체제들은 서로 다른 방식으로 한 인간의 삶에 그 유한함을 넘어선 의미를 부여해왔다. 내가 죽더라도 나의 후손이 나를 기억하고 나의 대를 이어가줄 것이고, 내가 죽더라도 내가 지키고 기여한 국가는 남아 번영을 이어갈 것이고, 내가 죽더라도 신이 영혼을 구원하여 영생을 보장해줄 것이다. 그런데 오늘날 이러한 믿음들은 점점 그 견고함을 상실해가고 있다. 한 개인의 삶에 의미를 부여했던 가족, 국가, 종교 모두 그 중요성이 흐려진 것이다. 그래서 각자가 삶의 의미를 찾아 방황했고, 불안한 개인들이 마음의 안정을 찾아 가장 많이 모여든 새로운 신전은 다름 아닌 자본주의였다. 현대의 문화체제 내에서 유한함을 초월하려는 욕망은 돈이라는 자원을 통해 상품을 소비함으로써 의미를 생산하는 것으로 발현되었다.

왜 우리는 불평등을 감수하는가?

그런데 오늘날 우리가 공유하고 있는 이 자본주의라는 합의된 광기의 체계에는 심각한 불평등의 구조가 자리 잡고 있다. 전 세계의 거의 모든 곳에서 불평등이 급속도로 심화되고 있다. 최상위 부자들은 더 부유해지고, 최하위 빈자들은 더욱 가난해지고 있다. 소비주의 체제 속에서 불평등은 너무도 당연한 이치로 받아들여지고 있고, 사람들은 아무런 의심 없이 그렇게 믿고 있다. 간간이 터져 나오는 불평과 불만들은 아주 개인적이며 일시적일 뿐이다. 소비주의 체제 속에서 인간은 반드시 소비주체이며 의무적인 소비자이기 때문에 개인의 불만을 해소하기 위해 쇼핑으로 돌아가는 것은 너무도 당연하다. 사람들은 근본적인 문제점을 제대로 인식하지 못하고, 알고 있다고 착각하고 있는 것마저 실천하지 않기 때문에 소비주의의 불평등은 계속해서 유지된다.

왕정복고시대에 이미 존재했던 '세습'이 오늘날 다시 새로운 자본세습사회로 반복되고 있다. 역사의 비정상적 순환이다. 경제학자 토마 피케티가 이야기했듯, 전 세계적으로 자기가 하는 일에 대한 대가를 받으며 삶을 유지하는 '노동소득비율'보다 부모 혹은 기업 자체에 보유한 재산을 상속받는 것으로 노동하지 않는 '자본소득비율'이 높아진다. 결국 세습된 부가 상당한 정치적, 사회적 영향력을 발휘하는 동시에 그들이 더 살기 편하고 더 좋은 사회가 되어간다. 비정상적인 구조의 사회에서 정상적인 정치, 경제, 언론, 교육이 가능할 리 없다.

사람들은 자본을 나누는 일을 손해라고 생각한다. 누군가를 돕는 일에서, 자선이나 복지 혹은 재난이나 참사를 당한 지원금 같은 것마저 너무 많은 '우리의' 세금이 든다고 불평한다. 단발적으로 보면 그러하다. 당장의 세금이 높아지는 것은 매우 불편한 일이다.

그러나 자본의 불평등한 소유가 결과적으로 어떤 사회를 만들었는가? 계층 변화가 거의 불가능하고 가난이 대물림되고 가난은 극복할 방법이 전혀 없는 불안하고 위험한 사회를 만들었다.

교육, 의료, 생태, 문화 등 기본적 인간의 삶의 질을 결정하는 조건들은 어떠한 이유에 굴하지 않고 존중받고 보장되어야 할 필요가 있다. 그런데 이러한 역할을 해야 하는 정치는 전혀 엉뚱한 곳에서 뜨거운 이슈를 일으킨다. 전혀 공적이지 않은 이야기들을 공공연하게 펼쳐놓느라, 철저하게 공공의 영역이어야 마땅한 문제는 이미 오래전 시장화되어 쇼윈도에 진열된 것이나 다름없다. 그 대표적인 예가 교육이다. 공교육이 무너졌다는 이야기는 이미 오래고, 사교육 하나쯤 받지 않는 학생을 찾기가 어렵다. 매년 바뀌는 교육정책은 이미 정치가 교육부분에서 완전한 실패를 하고 있음을 방증한다. 코로나19로 교육격차가 극심해졌다는 것을 현장에 있는 교사와 학생들은 알지만, 교육정책가들은 알지 못한다.

공적 영역에서 일어나는 많은 일의 방향성을 설정하고 실천하는 힘이 정치이다. 그래서 사회적 동물로서 살아가는 인간 모두가 정치적 존재다. 우리는 얼마나 정치적으로 살고 있는가?

정치적 존재라는 정체성

독일의 정치철학자인 카를 슈미트는 『정치적인 것의 개념』에서 정치를 말하기 전에 먼저 '국가' 존립의 의미부터 설명한다. 다양한 개인들이 결정력을 갖고 있으며 그 집단적인 상태를 포괄하는 절대구조의 형태가 가능할 때 그 '정치적인 것'이 발생하며, 그것이 국가 정체성의 기본이라는 것이다. 굳이 '정치'라고 표현하지 않은 이유는, '정치적인 것'이 사회현상들이 특정한 제도적 장치에 묶여 있지 않고 편재하는 장으로서의 현상 자체를 의미하기 때문이라 한다.

그러므로, 국가라고 일컫는 구조는 매우 견고해야 하며 주체적으로 독립할 수 있는 역량을 지니는 공동체여야 한다. 중국 학자 왕후이는 1960년대까지 정당의 이념 갈등이 뚜렷하고 활발했던 때에도 그 기반은 국가였음을 주목한다. 즉, 정치와 국가는 완전히 다른 것이고, 국가는 보편의 다른 이름이었다. 그 보편에 가닿기 위한 이념적 갈등만이 유의미했던 것이다. 그리고 국가를 구성하는 시민들이 이러한 절대구조에 대하여 갖는 신뢰는 그러한 국가 본체 조직의 구성에 긴밀한 영향을 갖는다.

실제로 우리 역사만 돌이켜보아도 그러하다. 대한민국을 독립시키기 위해 목숨을 바친 독립운동가들이 지향했던 것도 '보편으로서의 조국'이었다. 즉, 독립을 통해 건립하고자 했던 국가의 다른 이름은 민족의 자유와 해방이었던 것이다. 하지만 과연 지금 국가는 보편을 향해 있는가? 정당은 얼마나 많은 표를 얻을 것인지 경쟁하는 시장 경제에 내던져진 상품이 되었다. 진보든 보수든 정책이 애매하고 불분명한 이유는 바로 그 때문이다. 더 많은 소비자를 만족하게 하기 위해 정당의 목소리에는 무엇이 정의로운 사회인지에 대한 확고한 목소리를 관철하기 위한 치열한 논쟁, 즉 정치가 사라졌다. 보편을 향해 있어야 할 국가도 그를 견지할 정치가 사라지자 단순히 폭력기구(군대, 경찰, 법률체제)를 운영하는 주체가 된다. 경제 논리에 흡수된 국가와 정치 모두 국민을 대변하지 못하는 사적 영역이 되어가고 있는 것이다.

그렇다면 정치란 무엇인가? 정치의 의미는 간단하게 나의 편에 위치한 사람들과 그 반대의 적장에 있는 사람들과의 구별이라고 독일의 정치철학자 카를 슈미트는 말한다. 그리고 그러한 나의 동지들, '우리'의 존립이야말로 정치가 가장 최후까지 해야 할 소명이다. 정치의 궁극적인 목적은 단연 해당 공동체의 생존이어야 할 것이며, 그러므로 경제의 건설, 개개인의 인권향상 따위의 일들은 이 '국가의 생존', '국민 전체의 안전'이라는 목적 앞에선 어디까지나 부차적인 성과에 불과하다고 주장했다. 역사적으로 봤을 때 이러한 슈미트의 주장은 나치 정권이 가장 활용하고 선동하기에 알

맞은 개념이 되기도 하였으며 결과적으로도 제2차 세계대전에서 유대인 대학살이라는 참사가 벌어지고 말았다.

"정치적인 문제를 기계적인 것과 유기적인 것, 죽음과 삶이라는 대립으로써 해결하려는 것은 오류이다. 죽음만을 자신의 대립물로 보고 있는 삶이란 이미 삶이 아니며, 무능과 무력함이다. 자기 편에선 정신 및 삶만을 보고 다른 편에서는 죽음 및 기계만을 보는 식의 편 가르기는 투쟁의 포기를 의미할 뿐이며, 낭만주의적인 비탄의 가치밖엔 가지지 못한다. 왜냐하면 삶이란 죽음에 대해 투쟁하는 게 아니고 정신이란 무(無) 정신에 대해 투쟁하는 것이 아니기 때문이다. 정신은 정신에 대하여, 삶은 삶에 대해 투쟁하는 것이다. 그리고 완전한 인식의 힘으로부터 인간적인 것들의 질서가 생겨난다. 통합에서 질서는 생긴다."
−카를 슈미트, 『정치적인 것의 개념』 중에서, 129~130쪽, 살림

하지만 정치란 단순히 적과 우리의 구분 짓기 그 자체를 의미하는 것이 아니다. 나와는 반대인 다른 존재를 어떻게 대할 것인지를 선택하는 것이 바로 정치의 본질이자 가장 중요한 정치적 행위인 것이다.

불평등은 정치로 해결해야 한다

국민이 잘살기 위해서, 모두가 부유해지기 위해서 전체 부의 크기를 키워야 한다는 신화는 이미 깨어진 지 오래다. 안타깝게도 그 현실을 부인하고 싶은 흐름이 여전히 끊이질 않지만 말이다.

우리 삶의 위기는 돈을 벌지 않는 것에서 찾아오지 않는다. 인간이기를 포기할 때, 삶의 위기는 찾아온다. 코로나19 때 가게를 멈추고 학교를 멈추고 모든 것을 멈추어서 우리의 삶이 힘들어지기도 했지만, 이유도 모른 채, 생각을 멈춘 채 명령에 따랐기 때문에 그 이후의 삶이 여러 가지 이유로 더 힘들어진 것처럼 말이다. 우리가 목소리를 내어 정치적 삶에 뛰어들어야 하는 이유는 바로 이 것, 인간답게 살고자 하는 욕망 때문이다.

정치 참여는 일상적인 것이므로, 우발적으로 일어나는 것이 아니다. 어떤 이익이 있다고 해서, 혹은 반대로 분노가 생겼다고 해서 그것이 사회적인 활동과 참여로 이어지는 것은 아니다. 그러므로 보다 상식적이고, 구성원들에 의해 '변경 가능한' 사회를 꿈꾸는 사람이라면 현실 민주주의의 작동 원리를 이해하고 정치인과 무관심한 시민 사이의 중간 다리 역할을 하는 노력을 기울여야 한다.

타인의 얼굴을 떠올리라는 요청

　민주적 정치란 타인의 얼굴을 떠올리는 것에서 시작한다. 떠오른 얼굴을 생각하며, 그를 공동체적 가치 안에 포함시키고자 노력하는 것이다. 그렇기에 몫 없는 자들, 가장 가난한 자들이 체화하게 되는 것, 그리고 그들을 떠올리는 것이 민주주의다. 말할 수 없는 자가 말하게 되는 것, 말하기 어려운 상황에서 말할 힘을 획득하는 것이 민주적 정치의 핵심이다.

　하지만 인간은 과연 타인의 얼굴을 떠올릴 수 있는가? 자신의 안위와 이익을 위해서라면 무한한 경쟁도 불사하는 '이기적 인간'을 매일 경험하고 있는 대부분의 우리는 여기에 대해 의구심을 가진다. 정치철학자 장 자크 루소는 『인간 불평등 기원론』에서 인간 본성과 영혼에 대한 이야기를 풀어낸다. 그의 주장에 따르면, 태초에 인간은 타인에 대한 공격성이나 이기심이 없는 상태로 존재한다. 흔히 '미개인'이라고도 부르는 인간의 원형적 존재는 이성에 앞선 두 가지 본능을 갖고 있다. 첫째는 자신의 안락과 보존에 대해 스스로 큰 관심을 둔다는 것이다. 둘째는 모든 감성적 존재, 주로 동포가 죽거나 고통을 당하는 것을 보면 자연스럽게 가해자에 대한 혐오감을 느낀다는 것이다. 즉, 태생적으로 인간에게 있는 '동정심' 때문에, 굳이 교육하거나 강제하지 않아도 자연스럽게 타인에 대한 이타적인 감성을 가진다는 것이다. 그러므로 "인간은 동정심이라는 내적 충동을 억제하지 않는 한, 타인이나 어떤 감성적 존재에게 결코 해를 입히지 못할 것"이라고 말한다. 그렇지만 루소에 의하면 사회를 이루며 살아가는 인간들이 점차 타인을 의식하게 된다고 말한다. 그리고 이어서 사람들 사이에 신용과 권위의 차등이 생겨났고, '권력'과 '명성'과 '평판'이라는 단어가 생겨나며, 타인의 의견 속에서만 자신의 존재 의미를 찾으려고 하는 사람들이 나타난다. 그런 경향성이 높아질수록 차별과 불평등이 고착화된다.

다시 말해, 인간은 동정심이 있는 존재이지만, 사회가 생기면서 불평등이 생겨났고 그것이 고착되었다는 것이다. 그런 불평등 속에서 인간은 태초의 자유에 대한 감각도, 타인에 대한 동정심도 잃고 불만이 쌓인다는 설명이다. 게다가 실패에 대한 보장이 없는 상태에서 경쟁이 심화될 경우, 불평등한 시스템 속에서 발생한 불만을 서로에게 전가하는 역할을 한다. 개개인이 성공하지 못하는 것을 옆의 경쟁 상대 탓으로 인식하기 때문이다. 그리고 그 경쟁에서 도태된 이들은 혐오의 대상이 된다. 즉, 사회적 문제에서 오는 불안과 좌절, 스트레스를 경쟁에서 패배한 이들이나 사회적 약자에게 쏟아낸다. 우리 사회에 여성, 아이, 노인, 장애인, 외국인 노동자 등 사회적 배려와 관용이 필요한 약자나 소수자에 대한 혐오가 쏟아지는 이유는 바로 여기에 있다.

하지만 혐오는 아무것도 바꾸지 못하고, 나를 지켜내지도 못한다. 혐오는 서로를 향한 칼날일 뿐이다. 불편함이나 불안함이 빚어낸 심정적인 것이 아니라, 우리에게는 정치적인 생각과 책임이 필요하다.

"시민은 자신이 속한 국가와 공직자의 잘못에 대하여 책임을 져야 한다. 정치적 죄는 심정윤리와 대비되는 책임윤리와 관련된다. 개인의 선의나 심정, 의도 등은 책임윤리의 세계에서는 공적이라 할 수 없다. 따라서 어떤 개인이 나치에 적극적으로 저항하다가 투옥되어 고초를 겪었다고 하더라도 나치 체제의 등장과 만행에 대한 정치적 죄를 피할 수 없다.

개인은 국가에 투표를 했든 안 했든 상관없이 자신을 지배하는 국가에 대하여, 자신이 지배를 당하고 있는 방식에 대하여 정치적 책임을 진다."

-카를 야스퍼스, 『죄의 문제-시민의 정치적 책임』 중에서, 233~234쪽, 앨피

정치가 제 역할을 못하는 것, 정책이 국민들의 의사나 현실적 필요를 반영하지 못하는 것, 일부 권력자들의 이해관계에 종용되는 것 모두 정치적 책임을 지는 사람의 부재 때문이다. 모두 심정적으

로만 윤리적 책임을 느낀다. 하지만 그것만으로 충분하지 않다. 결국 책임은 결과에 대한 것이다. 과정이 어찌 되었건, 끝끝내 맺어진 결과에 의해 책임은 끝날 수 있는 것이다.

독일은 나치의 만행과 제2차 세계대전에서의 패배를 겪은 뒤 만신창이가 된 국가를 일으켜 세우기 위해 '시민 교육'을 실시했다. 국가적 위기를 사회 구성원의 도덕적 타락 때문으로 여겼기 때문이다. 사회 전체를 개혁하고 변화시키기 이전에, 더 중요한 것은 개인이 행복할 수 있도록, 스스로 삶을 개척할 수 있도록 사회적 기반을 마련하는 것이라 여겼다. 그러한 개개인이 모두 공동체의 일원이 될 수 있도록 하는 것이 피폐해진 독일을 재건하는 방법이었다.

우리 역시 이 폐허에서 이제까지와는 완벽히 다른 방법을 구상해야 한다. 부패하고 객관성을 잃어 책임질 능력은커녕 그럴 의지조차 갖지 못한 권력자들에게는 희망이 없다. 우리가 행복해질 수 있는 방법을 찾아야 한다. 심정적인 부채감 같은 것이 아니라, 책임의 윤리로서 정치를 삶으로 끌어와야 한다. 그렇게, 우리는 끝까지 희망에 책임을 지고 서 있는 세대가 되어야 한다.

자발적으로 권력에 복종하다

"독재자의 권력이란 그 권력에 종속된 다른 모든 이들이 그에게 건네준 힘일 뿐이다. 다른 모든 이들이 독재자를 참고 견디는 한, 그의 권력이 부리는 횡포는 계속될 것이다."

-에티엔 드 라 보에시, 『자발적 복종』 중에서, 36~37쪽, 생각정원

과거 왕과 귀족들에게 복종했던 삶에 비교한다면, 오늘날 우리는 분명 자유로운 정치구조 속에 살고 있다. 하지만 실제로도 우리가 자유로운 시민이라고 말할 수 있을까? 16세기 프랑스 재판관이자 철학자였던 에티엔 드 라 보에시는 권력에 자발적으로 복종하는 시민들을 고발한다. 힘이 센 사람과 일대일로 대결하는 것이라면 이길 수 없는 것은 당연하지만, 수천수만 명의 사람이 소수 몇몇 사람에게 이기지 못하는 것은 단순히 '비겁'하기 때문이라고는 설명할 수 없는 이상한 점이 있다는 것이다. 즉, 세상의 모순이 고쳐지지 않는 것은 힘이 센 한 두 사람 때문이 아니라, 그에 저항할 수 있는 수많은 사람이 스스로 권력에 복종하기 때문이다. 라 보에시의 '자발적 복종'에 대한 설명은 오늘날에도 그대로 적용이 된다.

라 보에시는 자발적 복종은 '자유의 망각'에 의해 일어난다고 말

한다. 한 인간으로서 자유롭고 존엄하게 살겠다는 의지를 잃어버렸기 때문이라는 것이다. 자유를 잊어버렸기에 우리는 이토록 맹목적인 경쟁 사회를 견딜 수 있는 것이고, 비인간적인 '갑을 관계'에도 수긍하는 것이며, "나만 잘되면 된다"는 믿음으로 이기적인 선택을 하고, 공적인 일에 무관심해도 괜찮은 것이다.

자유를 망각하게 되는 데는 교육과 언론이 큰 역할을 하고 있다. 드라마나 영화 같은 이야기들을 통해, 언론과 광고, 이미지를 통해 강자의 논리, 자본의 논리가 세상을 움직인다. 수동적인 태도를 고수하기를 가르치는 교육은 그에 문제제기를 하지 못하게 만들고, 그렇게 우리는 자유를 망각 또는 아예 그 느낌조차 획득하지 못하게 된 것이다. 우리는 내면의 깊은 곳에서부터 자본과 강자의 논리를 따르는 것이 우리의 자발적 선택이라는 환상을 갖게 되었는지도 모른다.

자유롭고 존엄한 인간으로서 목소리를 내는 것도, 내가 조금 손해 보더라도 공공의 이익을 위해 일하는 것도, 자본의 편이 아니라 인도주의의 편에 서는 것과 같은 일들이 비합리적이며 불가능해 보이는 시대가 되어버렸다. 그리고 우리가 이렇게 자본과 권력에 굴복할 때, 우리 일상 속에서의 삶은 아수라장이 된다.

그러므로, 자발적인 복종 상태를 벗어나는 일이 정치적 책임의 주체로서 '나'를 인식하는 가장 중요한 일이다. 그렇다면 자발적인 복종 상태를 벗어나 온전히 자유로워지는 방법은 무엇인가?

　철학자 니체는 기존의 가치관에 얽매이지 않고 저항하기란 어렵다고 말한다. 그 과정에서 불복종에 대한 엄청난 고통이 수반될 것이기 때문이다. 무시, 조롱, 차별, 낙인, 소외 등의 방식으로 말이다. 그 모든 힘든 과정을 뚫고 삶을 긍정하는 것 초인(Übermensch), 즉 완벽히 자유로운 상태가 되어야 한다. 스스로의 정신을 단련해 모든 것을 새롭게 창조하고 끊임없이 변신을 시도하는 인간이 바로 '초인'인 것이다. 자유를 가로막는 어떤 제약과 장애물들도 뛰어넘을 수 있는 사람, 그리고 그것을 뛰어넘어서 완전히 자기 자신을 실현하는 사람이 초인이자 자유인이다. 기존의 가치관에 우리는 조건적인 생각을 많이 한다. 원하는 것을 갖기 위해서는 시험 성적을 어느 점수까지 얻어야 하고, 행복해지기 위해서는 원하는 대학에 입학해 졸업장을 따야 한다. 또한 우리는 늘 남들과 비교하며 스스로를 평가한다. 다른 사람이 가진 집의 크기, 차의 종류, 입고 있는 옷의 브랜드를 신경 쓰고, 성적도 학교의 이름도 직업의 종류도 남보다 좀 더 좋아야 한다. 니체에 따르면 그런 조건적인 삶에 연루되는 것은 비극이다. 그리고 타인의 시선이라는 강박에 시달리는 사람은 노예적인 삶을 사는 것이다. 니체는 노예에서 벗어나 삶에 대해 긍정하고 스스로 가치를 창조하는 것, 무한히 반복되는 세상을 견디며 삶을 긍정하는 것만이 자유로워지는 길이라 말했다.

노예의 삶에서 벗어나기

  그렇다면 노예적인 상태로부터 완전히 벗어나 자유롭기 위해서는 어떤 노력을 해야 할까? 가장 먼저 나를 가장 고통스럽게 만드는 것이 무엇인지 살펴야 한다. 누군가에겐 가족들이 주는 상처가 있겠고, 성적 때문에 생기는 스트레스도 있을 것이다. 나의 영혼을 상처 입게 만드는 것이 무엇인지 들여다보아야 한다. 떠올리는 것만으로 힘든 상처를 직시하기란 쉽지 않다. 하지만 니체가 말했듯, 내 삶에 주어진 비극적인 조건에 대해 끊임없이 불화하고 때로는 저항하는 것, 나아가 그것을 초월함으로써 나 자신을 최고의 상태로 끌어올리려고 노력하는 것, 이것만이 가장 이상적인 인간의 모습에 도달하는 정확하고 유일한 길이다. 내가 꿈꾸는 모습이 삶이라는 무대 위에서 완벽하게 구현되는 최상의 환희 즉, 행복을 느낄 수 있을 것이다.

  자크 라캉은 "인간은 다른 사람이 욕망하는 것을 욕망한다"라고 말했다. 장 폴 사르트르 역시 "타인은 곧 지옥이다"라고 표현했다. 그러니까 우리를 가장 괴롭히는 것은 타인으로부터 기인한다. 그러나 라캉이나 사르트르가 말하고자 했던 것은 다른 사람의 존재가 나에게 악이 되고 고통을 준다는 것이 아니라, 다른 사람의 시선을 신경 쓰며 다른 사람 시선의 노예가 된 나 자신이 스스로를 괴롭힌다는 사실이다. 결국 진정 자유로워지기 위해서는 타인의 시선과 욕망들에서 자유로워져야 한다. 부모가 나에게 거는 기대, 학교가 요청하는 학생의 잣대, 사회가 요청하는 여러 스펙들이 아니라, 나 자신의 목소리에 귀 기울이는 것이 자유로워지기 위한 핵심적 조건이다. 다른 사람에게 인정받는 것으로 성공을 평가하거나 명성을 얻으려는 생각은 내가 노예의 삶을 살고 있다는 증거다. 삶의 진정한 주인이란 남의 인정을 받으려고 노력하기보다 스스로 생각하는 가장 이상적인 모습을 이루고자 한계를 뛰어넘으려 노력하는 사람이다.

프랑스 철학자 질 들뢰즈 역시 인간이 공부하고 성장하기 위해서 제일 중요한 것은 초월의 경험이라고 말했다. 인간은 누구나 한계를 가지고 있다. 그 한계를 계속 밀어붙여서 뛰어넘으려고 하는 노력이 필요하다. 단, 이때 유의할 것은 타인과 경쟁이 아니라는 점이다. 인간은 누구나 속도가 다르니 나만의 속도와 나만의 리듬으로 초월의 경험을 해야 한다.

그런데 이런 의문이 생길 수 있다. 과연 보통의 인간이 초월의 경험이 가능한가? 평범한 내가 원대한 꿈을 실현해 무대의 주인공이 될 수 있을까? 초인이 되는 것은 너무 어려운 일 아닌가? 이에 대한 대답을 찾기 위한 노력 중 하나는 시차(parallax)를 두고 삶을 바라보는 것이다. 시차(視差)란 말 그대로 시각의 차이인데, 관측

위치에 따라 대상이 달리 보인다는 것이다. 내 인생에 지극히 비극적이고 고통스러운 사건과 시간을 회고적으로 보면 완전히 새롭게 이해되는 경우가 있다. 예를 들어, 중간고사나 기말고사를 망쳤을 때 그 순간은 너무나 괴로웠지만, 시간이 흘러 돌이켜 봤을 때 이는 아무것도 아닌 일이 되기도 한다. 반대의 경우도 있을 것이다. 즉, 삶에서 일어나는 같은 사건을 시차를 두고 보면 완전히 다른 의미를 갖는 일로 해석될 수 있다. 그렇다면 내 삶 자체를 다른 시각으로 보면 새로운 모습이 보일 것이고, 절대 안 될 것 같은 일도 가능한 것으로 전환될 수 있다.

불가능한 것의 가능성

『인간이라는 직업』의 저자 알렉상드르 졸리앵은 장애를 가지고 태어난 자신이 원하지 않게 겪어야만 했던 수많은 고통에 대해 끝없이 질문을 던졌다고 한다. '나는 왜 이렇게 태어났을까?', '나에게는 왜 이런 장애가 주어진 것일까?' 등의 질문 끝에 그는 이 비극에는 이유가 없다는 것을 깨달았다고 말한다. 자신이 장애를 얻은 데에는 이유가 없다. 그렇기에 남은 삶의 시간 동안 자신은 이유 없이 삶을 즐기고 누리고자 노력할 것이라고 말한다. 우리 역시 마찬가지다. 각자에게 주어진 고통에는 때로 이유가 없다. 원인이야 있겠지만 그것이 나에게 온 이유는 없다고 볼 수 있다. 그 고통을 오롯이 긍정하고 초월하고자 할 때, 비로소 나는 자유로워질 수 있다.

지금 인류가 성취한 자유는 어느 시점의 인류에게는 불가능한 것이었다. 대표적으로 노예제의 폐지나 여성의 참정권 인정이 그렇다. 수많은 초인들이 공동의 투쟁으로 피를 흘려 이루어 낸 것들이다. 불가능해 보이는 것들을 초월하고자 애쓰고 스스로 꿈꾸는 미래의 모습을 긍정한 결과를 우리는 누리고 있다. 지금의 이 자유도 완전한 것이 아니기에, 여전히 자유를 위한 공동의 투쟁은 필요하다.

자유로운 개인들의 자본주의를 향한 공동 투쟁

끊임없는 기술혁신을 통해 자본이 자기증식을 멈추지 않는다고 한들, 자원이 고갈되고 환경이 파괴되는 것을 막을 수는 없다. 또한, 자본이 자기증식을 멈추지 않고 끊임없이 발전한다면 그로 인한 전 세계적 양극화 역시 더욱 극단적으로 심화될 것이 자명하다. 그런데도 자본주의적 교환양식의 지배를 바꾸지 않고 그대로 두게 된다면, 결국 남는 것은 포화된 세계 시장에서 자본적 축적의

존속을 도모하는 국가 간 경쟁이 극단으로 치달아 세계는 국가에 의한 폭력적 점유·강탈에 기초한 세계로 퇴행할 것이다. 즉, 자본주의의 전반적 위기가 이대로 고조될 경우, 가장 일어나기 쉬운 결과는 세계 전쟁이라는 것이다. 그것에 가장 가까이 있는 상황이 우크라이나와 러시아의 전쟁, 그리고 중국이 대만을 견제하고 있는 지금의 상황이다.

그러므로, 지금 가장 시급하게 요구되는 것은 자본주의적이지 않은 생산이나 교환 방식을 창출하여 그것을 새로운 사회구성체를 형성하는 원리로 널리 적용하는 것이다. 우리가 일반적으로 느끼기에 그것은 불가능해 보인다. 자본주의는 이제 우리의 경제생활을 틀 짓는 경제체제일 뿐만 아니라, 모든 삶의 영역에 깊숙이 침투한 하나의 생활양식이 되어버렸기 때문이다. 그렇다면 이러한 상황에서 자본에 대한 대항이 과연 어떻게 가능한가?

일본의 경제학자 가라타니 고진은 자본주의를 '생산과정'을 중심에 놓은 입장에서가 아닌, '교환양식'의 총체로서 보면 가능한 것이라고 말한다. 다시 말해 이때까지 자본주의에 대한 대항운동이 생산과정에서 노동자 중심의 '노동운동'이었다면, 이제는 유통과정에서 소비자 중심의 '소비자 운동'이 필요하다는 것이다. 고진에 따르면 생산과정에서 노동자는 철저하게 자본에 예속관계에 놓인다. 아무리 노동운동이 합법화되고 파업의 권리가 주어진다

해도, 노동자계급이 정치적·보편적인 투쟁에 서는 것은 곤란하다는 것이다. 첫째로 그렇게 하려면 노동자는 해고를 각오해야 하고, 둘째로 생산지점에서 결국 노동자는 자본과 같은 입장에 서기 쉽기 때문이다. 노동자가 속한 자본은 다른 자본, 그리고 외국자본과의 경쟁 관계에 있으며 그것에 지면 기업이 도산하고 노동자도 해고된다. 따라서 노동자는 어느 정도까지 경영자와 이해관계를 같이할 수밖에 없다.

하지만 고진은 이 지점에서 관점을 바꿔, 오늘날의 노동자는 동시에 소비자라는 데에 착안한다. 즉, 오늘날의 산업자본주의는 그것이 노동자를 고용하여 일하게 할 뿐만 아니라, 그 생산물을 노동자 자신이 사도록 하는 시스템이라는 것이다. 노동자는 개개의 생산과정에서는 자본에 예속된다 하더라도, 유통과정의 소비자로서는 오히려 자본이 노동자에게 예속된다. 그러므로 노동자계급이 자유로운 주체로서 자본에 대항하고 활동할 수 있는 장은 유통과정에 있다는 것이다. 자본이 이윤추구를 위해 범하는 많은 잘못을 노동자로서는 이해관계에 묶여 묵인할 수밖에 없었다면, 소비자라는 보편적인 관점에서는 그것을 비판하고 바로잡을 수 있다. 그뿐만 아니라 그것이 마음에 들지 않는다면 스스로 비자본적인 경제를 창출할 수도 있다. 여기서 말하는 비자본적인 경제에서 고진이 드는 구체적인 예는 소비자=생산협동조합 및 지역통화·신용시스템 등의 형성이다. 설령 그것에 의해 자본주의를 초극할 수 없다고 해도 자본주의와는 다른 경제권의 창출은 중요한데, 그것은 자본주의를 넘어서는 것이 어떤 것인지를 사람들이 미리 실감하게 하기 때문이라고 고진은 말한다.

세계 동시 혁명을 향한 위험한 꿈

이것이 완전한 대안이 되기엔 한계점이 많이 있다. 무엇보다도 소비자운동이 세계 전쟁을 막을 수 있으리라고 상상하긴 어렵다. 그러므로 비자본제적 경제 양식을 아래에서 창출하는 것과 동시에 위로부터의 대항운동도 필요하다. 고진이 생각하기에 그것은 '국가를 지양'하는 운동이다. 자본주의적 경제성장이 한계에 부딪히면, 국가 간 블록 경제를 형성하거나, 경쟁이 격화될 수밖에 없다. 제1, 2차 세계대전도 경제 위기 속의 식민지 쟁탈전의 성격이었던 것을 감안한다면 제3차 세계대전이 일어날 가능성을 '전쟁이 일어나서는 안 된다'는 당위적인 목소리만으로 무시해서는 안 된다. 그리고 오히려 '전쟁이 일어날 수도 있다'는 것을 직시할 때만이 비로소 대안 모색이 가능할 것이다. 국가는 근본적으로 약탈과 재분배의 교환방식을 갖고 있고, 그런 국가를 보장해주는 것은 군대이다. UN과 같은 초국적기구 혹은 국제연합에 군사적 주권을 증여하는 것, 가라타니 고진은 이것을 '세계 동시 혁명'이라고 말한다. 한 국가가 군사적 주권을 증여하면 다른 국가도 그런 압박을 받지 않을 수 없다는 것이다.

이런 가라타니 고진의 생각이 무조건 맞다고 말할 수는 없다. 군사적 주권을 증여하는 것도 어려운 일일뿐더러, 일국이 군사적 주권을 양도한다고 해도 다른 국가가 거기에 동참할지는 알 수 없는 일이기 때문이다. 그렇지만, 가라타니 고진이 꾸고 있는 꿈, 바로 '세계 평화를 위한 세계공화국'이란 꿈은 다가오는 시대에, 진지하게 검토해야 할 새로운 이념이 될 것임이 틀림없다.

과연 세계 동시 혁명은 가능한 꿈인가? 인류학자 브라이언 파머의 태도를 생각해보자. 그는 "사람들은 어떻게 자신과 그들의 가족, 친구들의 것이 아닌 성공과 행복보다 다른 무언가에 가치를 둘 수 있는가? 우리는 어떻게 우리 이외의 것에 매료될 수 있는가?"하고 질문한다. 그리고 브라이언 파머는 "용기도 공포만큼이나 전염성이 강하다"라고 답했다. 즉, 개인들은 누구나 보편적 가치를 지향하며 살아가며, 윤리적으로 용기 있는 선택을 했던 이들을 기억한다면 누구든 그 변화 속에 들어가 자신의 삶을 바꿔갈 수 있다는 것이다. 타인을 위해 용기 있게 자신의 삶을 바친 이들을 연구하는 브라이언 파머의 직관은 놀랍게도 정확하다. 그의 직관에서부터 우리는 도래할 새로운 시대의 윤리에 대해 말할 수 있기 때문이다. 우리는 칸트가 말했던 것처럼 "자유로워지라", "타자를 수단으로서만이 아니라 동시에 목적으로 대하라"라는 정언 명령에 응답해야 한다. 즉, 타자를 목적으로 대하는 윤리적인 실천을 용기 있게 행하는 것이 가장 '자유'로운 선택이라는 것이다. 우리가 꿈꾸는 미래는 불가능한가? 가능과 불가능의 선을 긋는 것 역시 자유로운 개인들의 선택이다.

실제로 신자유주의와 자본주의에 맞서서 자신의 삶을 계획하고 스스로 꾸려가려는 자유로운 개인들은 점차 늘어나고 있고, 이들이 바꿔가는 변화의 물결이 퍼진다면 그것은 희망의 증거가 될 수 있다. 인간이 '자본'에 굴복하지 않고, 자유로워지고자 하는 투쟁을 포기하지 않는다면, 이 세계에 조금은 다른 미래가 가능하다. 이는 이제까지 역사에서 증명해 보인 바이며, 우리는 그것을 믿고 따라야만 한다.

때때로 너무 많은 불행과 부정의가 이미 세상에 만연해 있기 때문에, 터져버린 후쿠시마의 원전사고나 바다에 무수히 떠다니는 플라스틱 잔해들을 생각하며 우리는 어떤 돌이킬 수 없는 흐름의 열차를 타버린 것은 아닐까 불안해한다. 이런 상황에서 우리가 할 수 있는 노력은 힘을 모아 이런 위험이 구체화되지 않도록 막는 것이다.

지금 개인들이 힘을 모으는 것은 상당히 어려운 일임이 분명하다. 기계적 힘에 대한 의존과 복종 앞에서 인간들이 더 개인화되고 파편화되는 현대의 인간관계는 사랑이 아니라 나르시시즘으로 가득하다. 우리는 이런 사랑의 포기를 멈추고 타자에 대한 책임의식을 내면화해야 한다. 공동의 생활과 공유가 실제로 쇼핑보다 개인과 전체에게 가치 있을 수 있다는 것을 상상이 아니라 강렬한 체험으로 인지할 수 있다면 비로소 인간은 불평등하고 기괴하게 뒤틀린 자본의 '합의된 광기'에 불화를 일으키고, 스티로폼을 삼킨 바다거북에 대한 죄책감을 느낄 수 있을 것이다.

　그런 의미에서 세계의 불평등과 지구의 돌이킬 수 없는 파괴를 막을 수 있는 진정한 개인의 윤리성이란 당위적으로 어떻게 해야 한다 혹은 감성적으로 어떻기 때문이다, 라는 연약한 설득이 아니라 이 시대에 속한 자로서 당연하게 받아들여 왔던 불평등을 담보로 누려오던 것에 대한 책임을 지는 것이다. 세계에 대한 책임을 자신에게 돌리는 것은 비합리적인 일이지만 그 결정에 대한 책임과 결과에 대한 책임까지도 감수하기로 결정하는 것이야말로 세계를 구원할 마지막 방법이다.

새로운 세계를 만들기 위해서는 새로운 가치관과 삶의 방식이 필요합니다. 여러분은 어떤 자유를 원하며, 그 자유는 무엇을 지킬 수 있나요? 여러분이 꿈꾸는 세상을 실현하기 위해 어떤 가치를 좇아야 할까요? 불평등이 우리의 인간성을 다 잡아먹기 전에, 우리 함께 힘껏 새로운 시대를 상상해봅시다.

우리는 불평등한 사회를 원하지 않는다

손가정 (14세)

불평등이 사람을 죽인다고 말할 수 있을 만큼 자본주의는 모순적인 면이 많습니다. 하지만, 자본주의 체계를 완전히 없애버리는 것이 과연 모든 문제를 해결할 수 있을까요? 또 가능한 일일까요? 분명한 것은 가난한 사람들이 자유를 되찾아야 한다는 것이고, 그러려면 자본주의의 모순적인 면을 바꿀 방법을 빨리 찾아야 한다는 것입니다. 세금을 통한 분배를 확실하게 하거나, 불평등을 해소할 수 있는 교육이나 의료와 같이 가장 기초적인 생활을 보장하는 제도나 기관을 강화하는 방법에 대해서는 주저하지 않고 나라마다, 또 세계적으로 진행해야 한다고 생각합니다.

김리우(14세)

저는 적어도 노력한 만큼 결과가 나오고 대가를 받을 수 있으면 좋겠습니다. 노동자들이 일한 만큼 정당한 대가를 받아야 합니다. 노력에 비해 너무 많은 대가를 받는 것을 '운'과 '대박'이라고 말하지 않아야 합니다. 그것이 누군가의 것에서 빼앗아온 것이라는 생각을 해야 합니다. 장 지글러는 자본주의가 사라진 이후 어떻게 될지는 알 수 없다고 했습니다. 하지만 지금 현실을 똑똑히 이해하고 문제점을 파악해 바꾸어야 하는 것은 확실합니다. 그러기 위해서는 자본주의란 무엇인지, 세계에는 왜 가난한 사람이 계속 있는지 알고자 노력해야 합니다. 장 지글러가 쓴 『왜 세계의 가난은 사라지지 않는가』를 읽고 난 후, 거대한 기업이 만드는 옷을 사지 않겠다는 다짐을 했습니다. 그런 옷을 만드는 기업은 방글라데시, 중국,

필리핀, 타이완 같은 나라에서 최대한 낮은 임금을 지불하면서 옷을 생산하는 경우가 많기 때문입니다. 저는 정당한 임금을 주고 좋은 환경에서 만든 옷과 신발을 사고 싶습니다. 기업들이 그렇게 할 수 있도록 요청할 것입니다. 정의롭고 평등한 세상을 위해서 할 수 있는 일이 또 무엇이 있을지 계속 살펴보겠습니다.

장관영(15세)

자본주의에서 불평등을 이겨내는 방법은 코로나19 시기에 매출이 더 오른 대기업들이 세금을 많이 내서 코로나 때문에 손님이 줄어든 자영업자들에게 재난 지원금을 더 많이 주면 된다고 생각합니다. 너무 간단하게 생각한다고 여길 수 있지만, 당연한 이야기가 아닐까 생각합니다. 또 다른 방법은 경제가 어려운 나라의 사람들에게 공부나 기술을 가르쳐서 그 사람들이 스스로 발전할 수 있게 도와주는 방법도 있습니다. 방법이 없는 것이 아니라, 어떤 이유로 못하고 있는지 생각해보겠습니다.

이채원(17세)

전 세계 어디에도 돈이 없으면 되는 것이 하나도 없습니다. 우리는 돈으로부터 자유로워야 할 필요가 있는 것 같습니다. 초등학교부터 대학교까지 모두 커서 돈을 많이 벌기 위해 죽어라 공부하고 이렇게 공부를 열심히 해서 직장에 들어가도 집 한 채 살 수가 없는 것은 말이 안 됩니다. 세습자본주의가 되어 부모가 돈이 많으면 자식도 부자, 부모가 돈이 없으면 자식도 가난해지는 것에서 우리는 자유를 누릴 수 없습니다. 부모는 고를 수 없기 때문입니다. 저는 이런 세습자본주의가 싫습니다. 돈에 굴복하지 않도록, 돈만 따라가지 않고 자신이 원하고 바라는 것을 좇아가도록 어른들이 우리를 도와주면 좋겠습니다.

박미주(16세)

장 지글러는 노예제를 남겨둘 수 없는 것처럼 자본주의를 그대로 놔둘 수는 없다고 말했습니다. 자본주의를 고치면 해결될 줄 알았는데 자본주의를 놔두는 것은 노예제를 놔두는 것과 같다니! 새로운 사실을 알게 되었습니다. 토마 피케티의 분석을 통해 노동에 의한 경제 성장보다 자본의 증식으로 인한 이익이 더 큰 자본주의의 근본적인 성격 때문에 불평등이 발생한다는 것도 알게 되었습니다. 노예제 해방이나 양성평등 등의 문화적 발전으로 불평등이 점점 나아지는 줄로만 알았는데, 경제적인 불평등은 점점 심해지고 있었고, 경제적 불평등으로 인해 식량, 주거, 교육, 의료와 같은 부분에서 불평등이 심화되고 있다는 것을 알게 되었습니다. 알게 된 이상 이제는 가만히 있을 수는 없다는 생각이 들었습니다. 그런데 많은 사람이 노력하고 있는데도 불평등은 왜 점점 더 커지는 것일까요?

부자는 더 풍요로워지고 가난한 사람은 더 가난해지는 세상을 이제 더 이상 그대로 받아들일 수 없고, 맞서 싸우고 바꿔야 한다는 마음과 그렇게 될 수 있다는 희망이 부족하기 때문이라는 생각이 듭니다. 세계에서 일어나는 모든 일에는 나에게 책임이 있고, 세계의 문제는 나의 문제라고 생각하며 세계의 문제에 관심을 기울이는 마음이 필요합니다. 내가 먹고 쓰는 것이 세상에 어떤 연관이 있고 영향을 미치는지 생각하며 할 수 있는 일을 찾아야 합니다. 어쩔 수 없다고 핑계 대거나 굴복하지 않고 정의를 호소해야 합니다. 조금의 문제라도 회피하지 않고 직시해야 합니다.

자유에 대한 갈망은 우리를 새로운 세상으로 이끌 것이다

이강욱(15세)

장 자크 루소는 『인간 불평등 기원론』에서 문명으로 인간이 경험한 것은 도덕적 타락과 불평등이라고 했습니다. 지금의 자본주의를 정확히 설명한다고 생각합니다. 이제 우리 앞에는 숙제가 놓여 있습니다. 지금의 불평등을, 지금의 잘못된 경제를 어떻게 바꿀지를 묻고 있습니다. 자본주의가 가져다줄 미래는 장밋빛이 아닙니다. 우리는 지금의 불평등을 해결해야만 합니다. 다시 자연 상태로 돌아가, 우리가 잃어버린 사랑, 공감, 자유, 평등을 찾읍시다. 우리는 왜 불평등에 침묵하나요? 잘 모르기 때문인 것 같습니다. 저도 잘 몰랐고, 지금도 부족함이 많습니다. 그래서 가장 소중한 가치가 무엇인지 잊지 않고, 더 알고자 노력할 것입니다. 자본주의의 한계를 넘어, 시대의 어려움을 넘어 불평등을 해소하기 위해 함께 더 생각하고 공부합시다. 우리 같이 사회의 어려움에 목소리 내봅시다.

이원준(15세)

우리가 꿈꾸는 세상을 실현하기 위해 우리는 무엇을 해야 할까요? 저는 가장 먼저 오로지 돈만 좇아선 안 된다고 말하고 싶습니다. 전 세계 부의 대부분은 상위 10%의 부자에게 쏠려 있습니다. 앞으로 우리가 살아갈 시대는 어느 한쪽만 잘사는 시대가 되어서는 안 됩니다. 저는 그런 세계를 원하지 않습니다.

그래서 저는 제 삶에서 돈을 좇지 않기로 했습니다. 물론 먹고 살아야 하기에 기본적인 돈은 필요합니다. 너무 돈만 바라보지는 않겠다는 말입니다. 저는 제 삶에서 나눔과 인류애를 중요시하고 싶습니다. 돈을 벌더라도 흥청망청 쓰지 않고 생활비와 조금의 여윳돈을 제외하고는 기부를 하거나 동네에 돈이 없어 라면으로 배를 채우는 아이들이 걱정 없이 배부르게 먹게 해주는 데 쓰고 싶고, 그럴 계획입니다. 또 평소에 국제적인 일에 많은 관심을 갖고 어느 나라나 지역에서 힘든 일이 생겼다고 하면 우리가 할 수 있는 게 무엇이 있을지 고민하고 실천할 것입니다. 이 정도만 실천한다고 하더라도 세계는 좀 더 우리가 원하는 방향에 가까워지고 좋아질 것이라 기대합니다.

김수희(17세)

저는 자유롭게 꿈꿀 수 있는 자유를 원합니다. 우리 대부분은 현실에 맞춰서 꿈과 진로를 정하고, 자본, 명예, 편안함을 가장 잘 보장 받을 수 있는 직업을 선택합니다. 하지만 이제는 자본의 증식으로 얻을 수 있는 수익이 지나치게 커져서 노동 자체에 의미를 찾지 못하고 부동산 투자, 주식 투자와 같은 자본가가 되는 것만이 우리가 꿀 수 있는 꿈이 되어버렸습니다. 미국의 조사기관이 전 세계 선진국 16개 국가에 삶의 의미를 물었더니, 다른 나라들은 대부분 '가족'이었는데 오직 한국만이 '돈'을 가장 우선순위에 두었다고 한 기사가 생각났습니다. 이 조사 결과를 보고 어떤 분이 가족이 중요하지 않은 것이 아니라 돈이 있어야 가족을 지킬 수 있는 현실이라고 글을 쓰기도 했는데요. 우리 모두 돈이 아니라, 돈으로 하고 싶은 그 무엇인가를 다시 떠올렸으면 좋겠습니다.

돈에서 자유롭기 위해 사회 전체에 있는 근본적인 불평등을 끊을 수 있어야 할 것입니다. 그리고 이것이 가능하려면 개인뿐만 아니라 국가와 기업이 모두 새로운 비전을 가져야 할 것입니다. 그 새로운 비전은 루소가 말한 '자연 상태'에 뿌리를 두어야 할 것입니다. 인간적인 선택이 무엇인지, 모두에게 이로운 최선의 방향이 무엇인지를 더 많이 고민하고, 얘기해야 할 것입니다. 그리고 이런 생각을 바탕으로 우리는 실천해야 합니다. 개인은 어떤 선택을 할 때 돈, 자본이 아니라 다른 숭고한 가치들을 기준으로 해야 할 것입니다. 정부는 제도로 인해 지나치게 이득을 보거나 피해를 입는 사람이 없도록 섬세하고 정밀한 정책을 설계해야 하고, 국민들이 신뢰를 가질 수 있게 국민과 국가 사이의 믿음의 관계를 굳건히 할 수 있어야 할 것입니다. 자본주의를 비롯한 우리 사회에 자연스럽게 물들어 있는 사상과 제도들을 벗어난, 완전히 틀을 깬 새로운 목소리와 생각들이 계속 사회에 울려 퍼져야 할 것입니다. 목소리를 내는 것을 두려워하고, 그 목소리들을 무시하고 이상한 것으로 취급하는 사회는 결코 변하지 못할 것입니다.

백주원(16세)

저는 우리 모두에게 자본주의로부터 자유가 필요하다고 생각합니다. 왜냐하면 자본주의는 현재 세계의 과거와 미래, 개인을 통제하고 있기 때문입니다. 돈은 많은 사람의 식량, 주거, 의복 등 가장 기본적인 요소들을 불가능하게 할 뿐만 아니라, 자본을 증식하기 위한 행동이 불러오는 세상의 파괴와 사회적 양심을 덮는 데 사용되고 있습니다. 우리는 돈이 좋은 데 쓰일 수 있다는 것을 알고 있습니다. 그러나 애석하게도 양심과 정의를 위해 잘 쓰이지 않고 있습니다. 기부를 많이 하는 기업가일지라도, 그가 기부한 금액은 결코 그가 살아오며 누린 것보다 많지 않을 것입니다.

저는 자본의 양과 관계없이 인간이라면 가지고 있는 인간성, 양심, 정의를 통한 봉사, 기부, 관심을 좇아야 할 것이라 생각합니다. 그런데 저는 돈으로 하는 기부는 실효성이 없다고 생각합니다. 즉, 돈은 불평등한 자들의 삶의 질을 절대로 바꿀 수 없습니다. 아프리카에서 기아로 죽기 직전인 사람들에게 돈을 주면 당장 먹을 것을 구할 수는 있겠지만, 근본적인 원인을 바꾸지 않는다면 또 똑같은 상황이 될 것이기 때문입니다. 이태석 신부님이 수단의 톤즈로 가 그들을 인간으로 대하며 음악을 가르치고 의술을 펼쳤을 때, 톤즈의 아이들은 이태석 신부님과 같은 사람이 되겠다는 의지를 갖고 열심히 공부하기 시작했습니다. 자본주의를 극복할 힘은 바로 여기 있다고 생각합니다.

우리가 원하는 세상을 만드는 법

김예지 (15세)

우리는 앞으로 평등을 향해 달려나가야 합니다. 누군가는 엄청 난 부를 가지고, 또 다른 누군가는 어떠한 혜택도 받지 못하며 사 회에서 소외되며 살아가고 있습니다. 우리가 돈을 좇아 달려가고 있기 때문입니다. 하지만 우리가 돈이 아닌 평등을 먼저 생각한다 면, 다른 사람도 나만큼 행복을 누리고 살아가길 바란다면, 부의 불평등을 거의 없어질 것입니다. 제가 원하는 건 똑같은 삶은 아닙 니다. 모두가 똑같다면 자유롭지 않다는 것이니까요. 평등한 삶은 '삶의 기본적 권리'라는 기차에 누구든 빠짐없이 모두 태우는 걸 의미합니다. 언젠가 우리가 이런 평등한 상태에 도달한다면, 꿈을 이루지 못하는 사람들도 줄어들 것이며 차별도 사라질 것입니다. 우리는 모두를 동등하게 대할 수 있는 세상으로 나아가야 합니다.

송은서 (14세)

불평등에 대해 들어본 적은 많은데, 구체적으로 가난과 불평등 이 어느 정도인지 알고 나니 정말 충격적입니다. 전 세계에서 생산 하는 식량은 무려 120억 명을 먹여 살릴 수 있는데, 세상은 5초에 1명씩 기아로 죽는다는 사실이 끔찍합니다.

"과거가 미래를 잡아먹는다"라는 말과 세습자본주의라는 개념이 정확하게 이해되었습니다. 한국에서 '수저론'이라고 불리는 말이 바로 이것 아닐까 생각합니다. 부모나 조부모의 재정 상태가 자식의 미래를 결정 짓는다는 건 어떻게 보면 자유를 빼앗는 일이나 마찬가지입니다. 불평등은 구조적인 문제입니다. 한 사람이 극복할 수 없는 문제이지요. 저는 개인이 스스로의 미래를 계획하고 개척해 나갈 자유가 보장된 사회를 원합니다. 인류에게 큰 도약이 될 이 자유의 실현을 위해서, 인간은 어떻게 해야 할까요? 오늘날 자본주의 사회에서는 안타깝지만 돈이 가장 중요한 가치가 되어버렸습니다. 불평등을 없애기 위해서는 결코 돈이 사람보다 우선시되지는 않아야 하는데 말이지요. 토마 피케티가 말했듯, 근본적으로 불평등을 발생시키는 자본주의를 이겨내는 것은 민주주의의 힘, 즉 사람들의 마음과 마음을 모아 제도와 법을 만드는 일이라고 생각합니다. 이 거대한 불평등이라는 장벽을 깨부수는 건 당연히 힘들고 지치고 막연한 일입니다. 그러나, 우리 자신을 위해서라도 우리는 이 장벽을 부수고 앞으로 나아가야만 합니다. 어떤 제도와 법이 필요할지, 진지하게 생각하는 시간을 많이 가져야 합니다.

하준수(16세)

돈으로는 무엇이든 살 수 있다는 농담이 떠오릅니다. 듣는 순간

움찔하지만, 사랑과 연대를 비롯한 인간다움에마저 돈과 욕심의 그림자가 드리우는 지금을 생각하면 씁쓸함이 남습니다. 이러한 물질적인 부가 우리에게 가져다줄 수 있는 가치는 무엇일까요? 타인의 선망과 부러움의 대상이 되는 것, 안락한 삶을 누리며 스스로를 더욱 멋진 존재로 인식하게 하는 것. 그런 삶이 정말 우리가 원하는 삶일까요? 하지만 불평등은 멈추지 않습니다. 아니, 오히려 더 빨라지고 있습니다. 모두가 문제의 심각성을 알고 있지만 너무 익숙해진 나머지, 우리가 직면할 더 큰 문제를 피하기보다 당장의 재산을 축적하는 데에만 급급하기 때문입니다.

"기아로 죽는 사람들은 살해당하는 것"이라고 말했던 장 지글러의 말처럼 불평등에 짓눌리는 사람들 또한 살해당하고 있는 것입니다. 살해가 난무한 인간성이 결여된 사회에서 살 수 없습니다. 우리에게 필요한 것은 가치의 전환 아닐까요? 우리가 모두 알고 있는 가장 소중한 가치를 삶으로 가져오는 일 말입니다.

정윤진 (15세)

자유를 찾기 위해서는 장 자크 루소의 말처럼 '자연 상태'로 돌아가야 한다고 생각합니다. '자연 상태'는 무엇일까요? 장 자크 루소가 말하는 자연 상태는 인간이 인간다울 수 있는 모습을 말합니다. 친구나 가족과의 사랑, 자연의 아름다움, 우주에 대한 경의, 순수한 호기심 같은 것들이 인간의 자연 상태라고 할 수 있습니다. 일상에서 이런 것들을 누리려는 노력이 필요합니다.

김영찬(15세)

자본주의 체계는 역사 속 한 나라가 망하기 전의 모습 같아 보입니다. 부정부패가 끊이질 않고, 높은 지위에 있는 사람들은 사태의 심각성을 모르고 즐기고 있지요. 돈이 많은 사람은 돈을 점점 불려가지만 돈이 없는 사람들은 더 힘들어지고 있습니다. 우리가 꿈꾸는 세상을 실현하기 위해서는 우리의 목표가 돈을 향해 있으면 안된다는 것입니다. 그래서 제가 제안하는 새로운 사회체계는 자연주의입니다. 세계의 발전이나 과학의 진화에 초점을 두지 않고 조금 더 본질적인 것에 초점을 맞추자는 것입니다. 지구는 사람이 살기에 충분한 여건을 갖추었습니다. 더 이상 발전하다가는 더 좋은 세상은커녕 세계의 종말을 맞이할지도 모르지요. 지구에 인간이 처음 등장했을 때를 생각해보고 자연을 느끼며 잃어버렸던 본질적인 행복을 찾아가자는 것입니다. 자연을 느끼려면 당연하게 환경이 잘 보존되어 있어야 하고 그럼 행복과 더불어 자연을 더 소중히 느끼며 자연 회복에 큰 힘을 기울일 수 있을 것 같습니다. 전 세계의 사회체계가 자연주의가 되면, 가난한 사람이건 돈이 많은 사람이건 잃어버렸던 행복을 찾을 수 있을 것이고, 불평등 또한 사라질 것입니다.

　새로운 세상을 바라는 사람이 많아지면, 선택에 때로 실패가 있더라도 분명 그 세상은 나타날 것입니다. 부디 이 불평등이 더 심각해지는 것을 견디고 눈감는 사람이 적어지기를 간절하게 바랍니다.

🔍 **함께 읽어볼 책**

· 『99%를 위한 경제학』, 로버트 폴린 외 지음, 한승동 옮김, 메디치미디어, 2023
· 『왜 세계의 가난은 사라지지 않는가』 장 지글러 지음, 양영란 옮김, 시공사, 2019
· 『왜 우리는 불평등을 감수하는가?』 지그문트 바우만 지음, 안규남 옮김, 동녘, 2019
· 『왜 우리는 불평등한가』 이정우 지음, EBS BOOKS, 2021
· 『자발적 복종』 에티엔 드 라 보에시 지음, 목수정 외 옮김, 생각정원, 2015
· 『적을수록 풍요롭다』 제이슨 히켈 지음, 김현우 외 옮김, 창비. 2021
· 『지속 불가능한 불평등』, 뤼카 샹셀 지음, 이세진 옮김, 니케북스, 2023

삶을 위한
질문과 토론 — 4

예술

음악은 전쟁을 멈출 수 있는가?

함께 나눌 질문

· 예술이 사회 문제를 해결한 사례는 무엇인가?
· 다수가 이해하기 어려운 예술이 가진 의미와 가치는 무엇인가?
· 무엇이 인간을 인간답게 하는가?
· 예술은 인간 고유의 영역인가?

2022년 2월, 러시아가 우크라이나를 침공했다. 전쟁이 일어날 것이라는 무수히 많은 징조 속에서도 평화를 염원하는 사람들의 마음은 간절했기에 비극은 일어나지 않을 것이라 생각했다. 하지만 바람은 무참히 무너졌고, 1년이 넘는 시간 동안 전쟁은 멈추지 않았다. 전쟁터에 남겨진 사람들 이외의 많은 이들이 이 전쟁을 잊어가거나 외면해왔고, 그곳에서 발생하는 수많은 고통은 점점 더해졌다.

20년 넘게 작업했던 작품들을 전쟁터에 남겨둔 채 도망쳐야 했던 우크라이나의 한 예술가는 무자비한 포탄을 쏘아대는 탱크 앞에서 "예술은 무기력하고 덧없는 것"이라고 느꼈다고 했다. 거장이라 불리는 러시아의 한 피아니스트는 "전쟁이 일어나면 총이 말할 뿐"이라며 그 순간 음악가들은 연주에 집중할 수 없고 음악은 그 총소리에 묻힌다고 말했다. 예술은 전쟁을 멈출 수 있는가? 인간의 마음을 움직이고 국경을 넘어 소통하도록 도와준다는 예술에는 정말 그러한 힘이 있는가?

재난과 예술

코로나19가 팬데믹으로 번져나가던 때, 전염병으로 전 세계가 공포에 휩싸였다. 거의 모든 국가에서 봉쇄령이 내려졌고, 접촉하는 것은 죄악처럼 여겨졌다. 집밖으로 나갈 수 없고 서로를 만나지 못했던 그때, 사람들은 노래하기 시작했다. 각자의 집에서 악기를 연주하거나 노래를 불러 합주를 완성했고, 베란다에서 공연을 하는 사람들도 나타났다. 세계적인 음악가들도 위로를 전하는 음악을 온라인으로, 거리에서 연주하며 자신의 책임을 다하고자 했다. 어렵고 힘든 시간을 이겨내는 데 자신의 능력이 쓸모 있게 쓰이는 것만큼 의미 있는 일은 없다면서 말이다.

비슷한 장면은 재난 현장에서도 볼 수 있다. 2011년 3월 11일,

일본에서 거대한 지진이 일어났고, 후쿠시마는 초토화가 되었다. 집과 가족을 잃고 망연자실해진 사람들 앞에 세계적인 영화음악 감독 류이치 사카모토가 나타났다. 재해 당시 대피소였던 한 중학교 강당에서 피해를 받은 주민들에게 공연을 한 것이다. 전쟁이 일어난 곳에도 음악가들은 등장한다. 러시아의 침공을 피해 도망쳐온 우크라이나 사람들이 처음 넘는 폴란드 국경에서는 전 세계 곳곳에서 온 음악가들이 악기를 연주했고, 세계적인 밴드 콜드플레이는 우크라이나 어린이 합창단을 독일에서 열린 자신의 콘서트에 초대해 잠시나마 전쟁의 슬픔을 잊고 노래할 기회를 주기도 했다.

이런 장면들은 분명 감동적이다. 음악이 연주되는 시간 동안 말로 다 표현할 수 없는 위로의 기운을 얻는 것이 사실이다. 하지만 그 감동이 실제로 전쟁을 멈추고 재난의 고통을 해결해주는 것은 아니다. 진화학자 장대익은 이를 '공감의 휘발'이라고 말하며 정서적 공감의 한계라고 지적한다. 대표적인 예로, 2015년에 있었던 '아일란 쿠르디' 사건이 있는데, 튀르키예 해변에 잠든 듯 엎드린 세 살 아이 아일란 쿠르디 사진 한 장이 전 세계를 발칵 뒤집은 일이다. 아이는 시리아에서 탈출해 유럽으로 가는 고무보트를 탔고, 안타깝게도 배가 뒤집혀 죽은 채 떠밀려왔던 것이다. 비극적인 현실과 달리 아이가 고요히 잠든 것 같은 역설적인 모습은 전 세계 시민들이 난민을 수용해야 한다는 목소리를 내게 했고, 세계 각국

정부는 이에 응답해 난민 수용의 결정을 내렸다. 하지만 얼마 가지 않아 난민에 대한 거부감과 불쾌감이 사회 곳곳에서 불거졌고, 반등적으로 그들에 대한 혐오와 배척의 문화마저 발생했다. 정서적으로는 공감했으나, 인지적인 이해까지는 가지 못한 것이다. 장대익은 "의식적으로 에너지가 많이 드는 인지적 공감을 활성화하려면 인간 본성과 사회적 맥락에 대한 주의 깊은 통찰과 이에 기반한 처방전이 필요"하다며 이성과 지성으로 인지하고 이해하는 '인지적 공감'으로 그 반경을 넓혀야 한다고『공감의 반경』에서 말한다.

그렇다면 느낌과 감정을 유발하는 예술을 통한 공감은 한계가 있는 것인가? 예술은 즉각적이고 즉흥적이며 휘발하는 성질의 것인가?

아름다움이란 무엇인가?

예술에서 가장 중요한 가치는 '아름다움'이다. 예술의 사전적인 정의가 '아름다움을 표현하려는 인간의 활동'이다. 아름다움이라는 단어를 들으면 누구나 서정적이고 온화한 이미지가 떠오르기 쉽지만, 사실이 아닌 것이다. 그런 지점에서 예술을 단순히 즉각적이고 일시적인 감정의 표현이라고 말하기 어렵다.

시인이자 서예가인 프랑수아 쳉은 『아름다움에 대한 절대적 욕망』에서 아름다움을 존재의 충만한 절정을 향한 순간의 도약과 그것의 끊임없는 쇄신 속에 존재하는 것으로 표현했다. 존재의 충만한 절정이란 씨앗이 오랜 기다림 끝에 비로소 꽃봉오리를 피우는 그 한순간과 같은 것이다. 그러나 아름다움은 단지 꽃이 피는 그 순간에만 존재하는 것이 아니다. 아름다움은 절정을 향한 매순간의 '도약'과 그것의 끊임없는 '쇄신' 속에 있다. 즉, 씨앗이 봄을 기다리며 땅 속에서 꿈틀대며 추위를 견디는 그 순간, 그리고 그 씨앗이 차가운 대지를 뚫고 올라와 작은 새싹을 틔우는 그 순간, 그 작은 새싹에서 줄기가 자라나고 잎이 나며 꽃봉오리가 생기는 그 순간들 하나하나에 아름다움은 존재한다. 이렇게 하나의 씨앗이 꽃을 피우기까지 성장하는 과정을 바라보고 있노라면 꽃을 피우고 열매를 맺는 충만한 절정을 향한 하나의 '욕망'이 그 씨앗 속을 관통하는 것처럼 느껴진다. 이러한 '아름다움에 대한 절대적 욕망'은 비단 씨앗뿐만이 아니라 "씨앗에서부터, 그것이 아주 멀리 거슬러올라가 태초로부터 줄곧 품고 있던 존재의 절정을 위한 것"이다. 즉, 태초부터 이 우주는 자신의 절정을 위한 도약의 과정에서 이토록 다채롭게 변화하고 있는 것이며, 그 속에서 분화되어 각기 다른 모습으로 존재하고 있는 씨앗, 또는 우리 인간 또한 그러한 우주의 본원적 욕망의 흐름 속에서 스스로의 절정을 향해 나아가고 있다.

그래서 프랑수아 쳉은 아름다움의 반대편에 서 있는 것은 '추함'이 아닌 '악함'이라고 말한다. 존재의 절정을 향한 도약을 방해하는 것이 아름다움에 반하는 것이고, 그것은 '악'이라는 것이다. 이러한 전제 조건 속에서는 아름다움은 매우 복잡한 가치가 된다. 무엇이 우주의 본원적인 욕망인지 탐구해야 하고, 스스로 절정을 향해 나아가고 있는 것이 맞는지 검증 또한 필요하다. 그 과정에 대한 확신과 신념이 있을 때, 비로소 아름다움은 가능한 것이다.

프랑수아 쳉이 말하는 아름다움이 절대적 정의는 아니겠지만, 일견 의미가 있다. 예술은 단순히 예쁜 것을 표현하는 일이 아니다. 사물이나 사람, 사건, 시대를 보고 듣고 느끼는 과정을 인간이 이해하고 해석한 후 그것에 대한 생각을 표현하는 일이다. 그렇게 이해한 '아름다움'을 표현하거나, 혹은 아름다움을 저해하는 것을 비판적으로 표현하는 것이 예술이라고 할 수 있다.

세계적인 화가 장 뒤뷔페의 작품은 이를 보여주는 좋은 예다. 그가 그린 얼굴들은 형체를 알아보기가 어려울 만큼 흐트러져 있는데, 전쟁 직후 모든 게 무너져 먹고 살기 힘든 시대의 인간을 표현했기 때문이다. 두 번의 세계대전을 겪으면서 유럽 사회는 엉망진창이 되었고, 유럽의 양심은 돌이킬 수 없는 상처를 입었다. 이성과 합리와 정당성, 모든 것들이 다 짓밟힌 시대를 살아가는 것이 장 뒤뷔페는 예술가로서 괴로웠을 것이다. 실제로 이 시대를 살아가던 사람들에게 '인간다움'이란 찾아보기가 어려웠고, 그 시대상을 외면한 채 말끔한 얼굴을 그릴 수 없었던 것이 그가 표현한 악에 저항하는 힘, 즉 '아름다움'이었던 것이다.

예술은 무엇을 향해야 하는가?

예술은 인간의 모든 역사에 그 모습만 달리했지 항상 있었다. 문자가 없었던 때에도 그림을 그렸고, 그 그림은 두려움과 공포를 달래기 위한 주술적 의미 혹은 행복한 순간을 기록하고자 하는 의미도 있다. 예술은 도약하고자 하는 인간 본성이다.

인간의 본성으로서 예술을 생각한다면, 예술은 단순히 개인의 만족과 취향의 영역이 아니다. 예술가가 살아가고 있는 시대와 공간에 대한 깊은 고찰과 사유의 결과가 예술 작품인 것이다. 그러므로 예술은 인지적인 영역이며, 인간 고유의 것이다. 최근 AI가 그린 그림이 미국의 한 미술대회에서 1등을 하는 일이 발생하면서 예술이 인간의 영역이 아닐 수 있다는 논란이 있었다. 그러나 인공지능의 '지능'은 인간에게서 학습된 것이고, 한 개인이 다 처리하지 못하는 방대한 양의 정보를 운영하는 도구에 불과하다. 그러므로 예술은 여전히 인간 고유의 영역이라고 할 수 있다.

세계적인 건축가 르코르뷔지에는 자신의 강의 제목을 '교육의 한계를 뛰어넘는 자유로운 생각'으로 한 바 있다. 예술 작품을 만드는 것은 인간의 생각이다. 결국 예술 작품이란 예술가의 생각을 표현하는 것이므로 시대적, 사회적 맥락이 있을 수밖에 없다.

『예술은 언제 슬퍼하는가』의 저자 박종호는 "자신의 생각이나 방향성을 가지지 못하고 단순히 음악 악기를 잘 다룬다든지 춤을 잘 춘다는 것에 그치면 그것은 기술이지 예술이 아니다"라고 말한다. 예술가는 보통 사람들이 놓치기 쉬운 것들을 인지하고 감각할 수 있는 능력을 가진 사람들이고, 예술적 언어로 아직 보이지 않고 들리지 않는 것들을 말하는 역할을 하기 때문에 예술은 사회적으로 중요한 역할을 한다.

이러한 예술의 영향력에 대해 알고 있기 때문에 권력을 가진 사람들이 예술을 두려워한다. 그 두려움이 때론 블랙리스트를 만들거나 예술가들에 대한 탄압으로 이어진다. 따라서 예술은 인간에게 가장 중요한 가치를 지켜내는 큰 무기가 될 수도 있지만, 반대로 권력에 굴복한 예술은 매우 위험하게 사용될 수도 있다.

예술을 통해 우리가 생각해야 할 것

> "예술적 창조가 오늘날 이처럼 중요한 이유 중 하나는 예술이
> 정치적 올바름과는 정반대 지점, 논란의 여지에서 벗어나는 것
> 과 완전히 상반된 지점에 서 있으려 하기 때문입니다."
> – 다니엘 바렌보임, 『평행과 역설』, 119~120쪽, 마티

예술과 정치는 인간의 이야기를 다룬다는 점에서 사회적인 기질을 가진다. 그러나 인간을 대하는 방식이 다르다. 정치는 어떻게든 타협을 형성하려는 데, 예술은 그것을 거부하고 정치로부터 잊히는 것들을 상기시키려는 데 목적이 있다.

협상하는 것과 줄곧 주장하는 것, 둘 중 어느 것이 더 바람직한가. 그것을 정의하기는 어렵다. 다만 지휘자 다니엘 바렌보임과 학자 에드워드 사이드는 이것의 합치를 위해 노력했다. 팔레스타인과 이스라엘을 비롯한 중동의 분쟁 지역 출신 아이들을 모아 만든 서동시집 오케스트라가 그 결과였다. '서동시집'이라는 이름은 독일 시인 괴테가 페르시아 시인 하피즈의 시를 읽고 감명을 받아 집필한 『서동시집(West-Eastern Divan)』에서 따온 것이다. 그전까지 서양 사람들은 동방 문화가 서양 문화보다 열등하다는 편견이 있었다. 그러나 괴테는 페르시아 시인의 시를 통해 동방의 가치를 새

롭게 발견했다. 그는 그것을 자기 문학 속에 창조적으로 수용했으며, 그 결과 동서양의 문학양식을 이상적으로 결합한 『서동시집』을 세상에 내놓았다. 오케스트라의 이름을 서동시집이라고 한 것은 괴테가 구현하고자 했던 동서양 화합의 정신을 계승하기 위해서이다.

오케스트라 구성원들은 시간이 지남에 따라 출신 국가와 문화적 배경이 다른 서로를 이해하고 받아들이기 시작했다. 어떤 것을 주창하는 것의 목적은 이해에 있고, 정치란 상호 이해를 바탕으로 해야 수용 가능해진다. 실제로 오슬로 협정은 이 지점에서 실패를 겪었다고 사이드는 주장한 것이다. 결국, 두 사람은 누구보다도 이 역설을 연결하는 다리를 훌륭히 건설해냈다.

그렇다면 여기서 우리는 예술을 통해 어떤 인간상을 배울 수 있을까? 소설가 앨리스 워커는 이렇게 말한다. "우리 모두 같은 잔치에 참석하고 있는데 가난과 억압의 노예이기 때문에 잔치에 참석하고 있다는 사실조차 모르는 사람이 많다니 참 유감스러워요. 하지만 햇빛과 땅과 연결될 수 있다면 우리가 같은 잔치에 참석하고 있다는 사실을 쉽게 알 수 있어요." 억압을 초월할 공통적인 인간으로서 가치가 존재한다는 생각을 견지하는 것, 그리고 그것을 바탕으로 서로를 이해하려 노력하는 것, 결국 그것이 예술의 힘이다.

"예술은 완력이나 무력이 아니라 사랑하고, 포용하고, 그렇게 하기 위해 무언가를 새로 만들어 내는, 전혀 다른 근원으로부터 오는 힘이기 때문이다. 이 힘은 인생을 조작하거나 통제하는 권력과는 아무런 상관이 없다. 이 힘은 군림할 때가 아니라 공감할 때, 선언함으로써가 아니라 표현함으로써 발휘되는 힘이다."

－심상용, 『인생에 예술이 필요할 때』 중에서, 5쪽, 시공아트

음악은 전쟁을 멈추지 못한다, 하지만 평화가 무엇인지 깨닫게 할 것이다

우크라이나와 러시아 전쟁이 한창 중인 2022년 6월, 미국에서 열린 세계에서 가장 권위 있는 피아노 대회인 '반 클라이번 콩쿠르'에서 임윤찬이 1등을 차지했다. 당시 대회에는 우크라이나와 러시아 출신의 피아니스트가 가장 유력한 우승 후보로 거론되었는데, 임윤찬이 열여덟의 나이로 최연소 우승자가 된 것이다. 우승 후 세계 곳곳의 스포트라이트를 받은 임윤찬은 "운 좋게 콩쿠르에서 우승한 것은 기쁜 일이 아니다"라며 "호스피스 병동에 계신 분들이나 몸이 불편한 분들 등 음악회에 오시기 힘든 분들에게 직접

찾아가 음악을 들려드리는 것이 제가 생각하는 음악가로서 할 수 있는 대단한 일이라고 생각한다"라고 답했다. 그리고 KBS 다큐멘터리 〈전쟁과 음악〉 인터뷰에서는 "이 세상에 진짜는 눈에 보이지 않는 것이라고, 저는 음악이 이 세상에 존재하는 몇 안 되는 진짜라고 생각해서 인간에게 음악이 필요하다고 생각합니다"라고 말하기도 했는데, 세계적인 음악가들이 음악에 남겨놓은 인류에 대한 메시지를 이해하고 연주하는 것이 그의 꿈이라고 말한다.

과연 음악이 전쟁을 멈출 수 있을 것인가? 러시아의 속담에도 있듯 전쟁이 일어나면 총소리만 들릴 뿐이다. 총 앞에 음악은 무력하다. 하지만 음악 혹은 예술은 무엇이 옳은 일인지, 무엇이 인간다운 것인지 생각할 기회를 준다.

이러한 음악의 힘을 믿는 또 한 명의 음악가인 첼리스트 요요마는 바흐의 무반주 첼로 연주곡으로 전 세계 36개 도시를 돌며 "바흐가 분열된 세상을 구원할 것이다"라고 말했다. 하나의 악기로 연주되는 깊은 공감의 선율이 인간과 인간 사이의 거리를 좁히고, 우리 안의 다양한 감정을 들여다보게 해주기 때문이다.

바흐의 곡에서 인류애를 발견한 음악가는 또 있는데, 류이치 사카모토다. 그는 다큐멘터리 〈코다〉에서 바흐의 음악이 자신에게 많은 영감을 주었다고 말하며, 바흐의 음악에는 깊은 어둠이 서려 있다고 말했다. 전쟁과 전염병으로 죽어가는 이들을 위로하고자 했던 것이 아니었을지 생각한다며, 자신도 그런 음악을 연주하고 싶다고 말했다.

바흐의 곡이 당장의 전쟁을 멈추진 않겠지만, 그 곡을 듣고 감정을 느끼고 생각을 시작한 인간은 그 음악 속에 담긴 메시지를 읽어 내고 또 다른 아름다움을 창조한다. 그것이 인간의 역사다. 음악은 전쟁을 막을 수 없다. 하지만 전쟁을 일으키는 인간을 반성하고 성찰하게 할 수 있다. 그것이 음악이 가진 가능성이고, 인간의 가능성이다.

미학자 발터 벤야민은 예술적인 존재는 그 자체로 아우라가 흘러나온다고 말합니다. 아우라란 말로 설명하기 힘든 신비한 기운을 일컫는데, 벤야민은 이 아우라가 발생하는 상황에 대해 이렇게 말합니다. "시선을 받은 사람이나 시선을 받았다고 생각하는 사람은 시선을 얻게 된다. 어떤 현상의 아우라를 경험한다는 것은 시선을 여는 능력을 그 현상에 부여하는 것을 의미한다." 즉, 우리가 주고받는 시선의 찰나에서조차 아우라가 발생한다는 것입니다. 이는 우리가 시선을 주고받는 아주 짧고 우연적인 순간조차 하나의 예술로 작용할 수 있다는 것이지요. 우리가 일상을 살아가면서 발견하는 아름다운 순간들, 그 집합이 바로 예술입니다. 그런 예술적인 순간들은 우리를 우리 삶의 예술가로 만들고, 우리의 삶을 한 단계 도약시킵니다. 그렇다면 우리는 왜 평소에 그러한 예술적인 순간들을 느끼지 못할까요? 우리 주위의 삶은 아름다운 예술이 아니라 칙칙한 잿빛의 집합들로 느껴지는 것일까요?

한 가지 중요한 사실은, 우리 모두 최소한 한 번은 예술가였던 순간이 있었다는 것입니다. 그러나 그 순간이 너무나도 쉽게 희미해져버리는 탓에 우리의 기억에 남지 않을 뿐입니다. 바쁜 삶을 살아가면서 주위에 아름다웠던 찰나의 순간은 모두 잊어버리고, 『어린 왕자』 속의 어른들처럼 삶과 세상을 똑 떨어지는 숫자들로 계산하고 이해하고 있는 것은 아닐까요? 우리가 진정한 예술가가 되기 위해서는, 잠시라도 어린아이로 돌아갈 필요가 있습니다. 어디에도 얽매이지 않고, 순수하게 아름다움을 바라볼 준비가 되어야 합니다. 호기심 어린 눈으로 세상을 바라보고, 모르는 것을 두려워하지 않고 그로부터 배우며, 그것들을 통해 세상을 만끽해야 합니다. 우리는 이미 내면에 예술가의 자질을 모두 갖추고 있습니다. 단지 '가만히 좀 있으라'라는 세상의 요구에 맞추어 잠시 잠들어 있을 뿐입니다.

예술가는 특별한 인물이 아닙니다. 예술은 특별한 사람들만이 일구어내는 것이 아닙니다. 예술가들은 가만히 있으라는 세상의 요구에 저항하며 꾸준히 자신만의 질문을 해나간 사람들이고, 예술은 그에 따른 아름다운 결과물입니다. 여러분은 어떻게 내 안의 예술가를 깨울 것인지, 어떤 예술적인 순간을 살아갈 것인지 생각해봅시다.

내 안에 숨겨진 예술가를 찾아서

김학철 (15세)

예술가는 끊임없이 생각하는 사람입니다. 생각하는 것은 생각보다 힘든 일입니다. 수학 문제나 영어 문제처럼 간단하게 답이 나오는 것이 아니라, 무한한 답을 가지고 있기 때문입니다. 그러므로 저는 예술가가 되기 위해 계속 생각할 수 있는 집념과 끈기를 갖고 싶습니다.

김명찬 (14세)

예술가로부터 배울 점은 현실적인 무언가에 발목 잡히지 않고, 나의 뜻을 펼칠 수 있는 용기라고 생각합니다. 나이가 들었다고 해서, 시작하기 늦었다고 해서, 남들의 시선이 두려워서, 전공이 달라서 같은 핑계가 아니라, 내가 하고 싶고, 해보고 싶은 일을 우선 시작하고 보는 능력 말입니다.

저는 예술가가 되기 위해 나의 뜻을 숨기지 않고 싶습니다. 내가 하고 싶은 일을 다른 이유를 대며 하지 못하거나, 남들의 시선이 두려워서 진짜 꿈을 숨기고 나만 간직하면서 실천하지 못한 것에 대해 후회하고 싶지 않습니다.

김예지(14세)

『발칙한 예술가들』에는 이런 말이 나옵니다. "잘 놀 줄 아는 능력이야말로 최고의 경쟁력일지도 모른다." 처음 이 문장을 읽었을 때는 도대체 이게 무슨 의미일까 싶었습니다. 문장의 의미는 정확히 해석할 수는 없지만, 제가 해석한 의미는 이것입니다. "창의력이야말로 최고의 무기이다."

창의력은 새로운 개념이나 기존에 있던 개념을 조합해 새로운 개념을 만드는 힘입니다. 창의력이 있다면 불가능한 일이 없습니다. 그래서 예술가에겐 꼭 필요한 능력입니다. 그럼 창의력은 누구에게 가장 많을까요? 바로 어린이입니다. 제가 발견한 제 주위의 예술가는 어린이입니다. 어디에서나 놀이를 만들어 내는 창작능력을 보세요!

제가 어렸을 적 사촌 동생들과 함께하고 놀았던 캠핑 놀이는 단순했습니다. 할머니 댁에 있는 이불과 베개를 포개어놓은 뒤 텐트를 만들고 그 안에서 사촌 동생과 놀았습니다. 그때는 정말 즐거웠습니다. 하지만 점차 이 놀이는 사라져갔고, 우리에겐 SNS와 스마트폰 게임이라는 새로운 놀잇거리가 등장했습니다. 정말 금방 질렸고 딱히 재미도 없었습니다. 하지만 우리는 옛날 우리가 함께했던 놀이로 돌아가지 않았습니다. 의욕도 생기지 않았고 그때처럼 새로운 아이디어가 솟지도 않았습니다. 왜 그런 걸까요? 어린이 때랑 도대체 뭐가 달라졌을까요? 우리는 크면서 순수하게 노는 방법을 잃어버렸습니다. 주위의 영향을 너무나도 많이 받고, 누군가 내가 하는 일에 대해 반대하면 나조차도 이 일이 민망해졌습니다. 다른 사람들이 많이 하는 SNS나 유행하는 게임은 쉽게 할 수 있어도 이제 와서 캠핑 놀이는 부끄럽기도 합니다.

　하지만 어린이들은 이런 걸 별로 신경 쓰지 않습니다. 상대방의 시선보다 나 자신의 시선을 더 중요하게 바라봅니다. 이게 어른과 어린이의 차이점, 그러니까 어른들이 어린이보다 창의력이 떨어지는 이유라고 생각합니다. 창의력을 키우고 예술적인 삶을 살기 위해서는 다른 사람의 시선보다 나 자신의 시선을 더 중요하게 생각하고, 나를 믿는 게 중요하다고 생각합니다. 그래서 저는 무엇보다 제 생각을 믿어보고 창의력을 키워보기로 마음먹었습니다. 자연과 어울리며 내 세상을 직접 디자인하는 저도 예술가이지 않을까요?

세상에 물들지 않고, 자신의 색깔을 지키는 것

이재영 (14세)

예술가가 되기 위해서 저는 확신, 집념, 열정과 끈기, 즐거움을 아는 능력이 필요하다고 생각합니다. 확신은 자신이 예술을 하는 데 용기를 주며 계속할 수 있는 힘을 줍니다. 집념은 자신의 실력을 키우며 완벽해질 때까지 할 수 있는 것입니다. 열정은 자신의 욕망과 목표에 대한 의지라고 생각합니다. 끈기는 자신이 힘이 없을 때나 열정이 없어질 때 가장 필요한 것이라고 생각합니다. 힘이 없을 때 더 많은 연습과 노력을 하는 것이 끈기라고 생각합니다. 즐거움을 알게 되면 자신이 하는 예술은 그때부터 귀찮거나 재미없는 게 아닌 삶이 될 수 있습니다. 그리고 어떤 사람에게는 삶의 이유가, 어떤 사람에게는 유일한 수단이, 어떤 사람에게는 꿈으로 다가갈 수 있게 하는 것이 즐거움을 아는 것입니다.

저는 우리 주변의 청소 노동자, 자원봉사자 등은 우리에게 직접적인 영향을 주지만, 사람들이 잘 모르는 사람들이 예술가라고 생각합니다. 우리 주변의 예술가들은 이 세상을 살아가는 사람들을 위해서 매일 예술을 하고 있습니다. 똑같은 일을 매일같이 해내는 일은 집념과 끈기가 없으면 힘든 일입니다. 무엇을 하더라도 어떤 태도와 마음을 갖느냐에 따라 예술가가 된다고 생각합니다.

이수겸(19세)

파블로 피카소가 말했던 것처럼 정말로 우리 모두가 한때는 예술가였을 겁니다. 모르는 것투성이인 세상을 호기심 넘치는 눈으로 바라보며 끊임없이 질문하고, 창피함과 부끄러움은 모르는 채 세상을 만끽했기 때문입니다. 우리에게는 예술가적인 태도가 이미 있었습니다. 하지만 '가만히 있어라', '조용히 해라', '질문 좀 하지 마라' 등 많은 이야기로 그 기질이 사라지게 되고 나중에는 거의 잃어버립니다.

저는 이러한 잡음과 시끄러운 환경 속에서도 끝없는 질문을 스스로 해나가고 싶습니다. 질문은 또 다른 질문을 낳습니다. 정답은 알게 되는 순간 끝나지만, 질문은 계속 생겨나므로 자신의 한계를 뛰어넘을 수 있는 가장 좋은 수단이라고 생각합니다. 아무리 당연하고 단순해 보이는 것들도 막상 질문하게 된다면 굉장히 낯설고 새롭게 보이면서 또 다른 시각을 통해 볼 수 있기 때문입니다.

삶은 예술이다

손수민(17세)

작가들은 수십 개의 아이디어 노트를 보여주며 모든 것에 관심을 가지라고 말합니다. 끊임없이 다른 감각을 자극하고 질문하라,

다름을 인정하고 남들이 뭐라 하든 간에 포기하지 말라고 조언합니다. 정말 그렇게 하면 예술가가 될 수 있을까요? 반대로 그렇지 않으면 예술가가 아닌 걸까요?

아주 옛날, 동굴 벽에 사냥감을 기록하던 때가 있었습니다. 시간이 지나 종교와 믿음을 담기 위한 그림도 있었습니다. 오늘날에는 그림도 아니고 조각도 아닌 미술품도 있고, 또 남의 사진을 그대로 다시 찍어 전시한 사건도 있고, 본인의 침실을 판매한 예술가까지 등장했습니다. 예술은 점점 '생각하고 실행한다'는 개념으로 넓어지고 있습니다. 제약을 하나씩 벗기고 본질에 다가가는 것에 존재하는 단 두 가지 조건은, 작품에 담을 '개념(메시지)'과 그걸 실현하는 것뿐입니다.

그렇게 생각하면 무수하게 '생각하고 실행한다'로 이루어진 게 있습니다. 바로 우리의 삶입니다! 생각하고 실행하는 것이 예술가라면, 우리는 모두 이미 예술가라는 뜻입니다. 여기에 어떤 메시지를 담을 것인지, 어떻게 표현하고 실현할 것인지를 공부하고 고민해야 합니다.

정윤진(14세)

프리드리히 니체는 "예술은 삶의 위대한 자극제이며, 예술의 본질은 존재를 완성하는 데 있다"라고 말했습니다. 칼 라르손은 "가

장 행복한 순간은 일상에 드는 사소한 빛을 소중히 간직하는 것"이
라고 말했지요. 저는 이 이야기를 들으며 사진이 떠올랐습니다.

칼 라르손처럼 가장 행복한 순간, 즉 일상에 드는 사소한 빛을
소중히 간직하며 사진을 찍는 사람들이 진정한 사진작가라고 생
각합니다. 스마트폰의 카메라가 좋아져서, 이젠 누구나 쉽게 사진
을 찍지만, 남에게 자랑하기 용도가 아니라 자신의 삶을 진심으로
사랑하는 사람들의 사진이 참된 예술입니다. 우리는 자신이 만든
먹음직스러운 음식, 아름다운 풍경 또는 친구들과 함께한 장난스
러운 놀이 등 자신의 소소한 일상을 사진에 담습니다. 삶을 사랑하
고 끊임없이 창조하는 이 모든 이들이 예술가입니다.

🔍 함께 읽어볼 책

- 『공감의 반경』 장대익 지음, 바다출판사, 2022
- 『서·동 시집』 요한 볼프강 폰 괴테 지음, 전영애 옮김, 도서출판길, 2021
- 『아름다움에 대한 절대적 욕망』 프랑수아 쳉 지음, 길혜연 옮김, 뮤진트리, 2009
- 『예술 수업』 오종우 지음, 어크로스, 2015
- 『예술, 상처를 말하다』 심상용 지음, 시공아트, 2011
- 『예술은 언제 슬퍼하는가』 박종호 지음, 민음사, 2016
- 『인생에 예술이 필요할 때』 심상용 지음, 시공아트, 2020
- 『클래식으로 전쟁을 멈춘다면』 최민아 지음, 다른, 2022
- 『평행과 역설』 에드워드 W. 사이드, 다니엘 바렌보임 지음, 노승림 옮김, 마티, 2011

삶을 위한
질문과 토론 ─ 5

교육

교육은 세상을 바꿀 수 있는가?

(함께 나눌 질문)

· 어떤 사람이 훌륭한 사람인가?
· 교육에서 경쟁은 필수불가결한가?
· 규격화된 시험은 교육적인가?
· 읽는다는 것의 의미는 무엇인가?

챗GPT의 등장에 전 세계가 술렁인다. 사람보다 더 사람처럼 말하는 인공지능의 탄생이다. 인간이란 무엇인지 질문하게 되는 시대다. 교육 현장에서는 4차 산업혁명에 걸맞는 인재를 양성하기 위해 변화를 도모하느라 시끌벅적하다. 코딩 교육을 강화하고 스마트 기기 보급을 하는 것이 대표적인 시도다. 그러나 교육의 방식은 조금 바뀌었을지언정 그 내용은 거의 동일하다. 여전히 정보를 습득, 암기하기 바쁘고, 그것을 확인하는 '시험'에 매달린다.

근대 철학자 프랜시스 베이컨이 말한 "아는 것이 힘"은 여전히 유효한가? 베이컨이 말한 '아는 것'이란 인간의 정신을 사로잡는 편견을 넘어서는 것이기에 그러하다고 할 수 있다. 역사학자 유발 하라리는 지식을 새롭게 구성하는 쓸모 있고 유용한 지식 활용 능력이 인간의 능력이라고 했으니, 인간과 인공지능은 그 경계가 아직은 분명하다. 교육은 인간을 인간답게 기르는 일이다. 4차 산업혁명의 시대, 교육은 무엇을 가르쳐야 하는가?

생각이 만든 인간의 세계

인간의 역사는 생각의 역사다. 무엇을 믿고, 어떤 기준을 중요하게 여기느냐에 따라서 인간의 생활 방식과 삶의 양식은 완전히 바뀌었다. 자연의 방식, 기후나 토양의 상태에 따라 습성과 생김새가 결정된 다른 동, 식물과는 다르게 인간은 인간만의 '세계'를 건설했다. 인간의 세계는 생각이 만들어낸 견고한 구조물이다. 한나 아렌트는 자연 환경과는 분명히 다른 인공적 작업의 총합이 세계라고 말하며, 세계를 변화시키는 작업이 인간성의 조건이라 했다.

그렇다면 우리는 어떤 세계를 살아가고 있는가? 오늘날 대부분의 인간은 자유 시장 체제의 자본주의가 우세한 세계에서 살아가고 있다. 나라마다 시대마다 조금씩 다르긴 하지만, 자유로운 개인이 자유롭게 경쟁하여 만들어낸 무한한 발전 가능성 속에서 새로운 것을 탐닉하는 신세계다. 아직까지 인간의 본성과 가장 잘 들어맞는 생각은 발견하지 못한 것처럼, 돈으로 환산되는 세계 외의 것은 상상하지 못한 채 살아가고 있다. 그렇지 않고서는 인류 역사에서 가장 심한 불평등을 겪으면서도, 그로 인해 무수히 많은 생명이 죽어가는 데도 혁명이 일어나지 않는다는 것은 설명이 되지 않는다.

자본주의의 논리가 기막히게 잘 적용된 것이 한국의 교육이다. 자유로운 개인은 오롯이 개인의 능력과 노력으로 경쟁적으로 주어진 시험 문제에서 점수를 따내고, 등수 싸움에서 이겨야 하며, 대학의 정원에 들기 위해 필사의 노력을 해야 한다. 그런데 도가 지나쳤다. 개인의 능력은 재력에 따라 결정되고, 기회는 한없이 불균등하다. 그래서 교육 문제가 단순히 학생 시절에 끝나지 않고 사회 전반에 영향을 준다는 것을 모른 척 할 수 있는 한국 사람은 많지 않다. 그에 동조하거나, 반대하거나, 포기하거나, 저항하거나, 그 무엇이 되었든 현재 교육 체제는 선택된 몇 명을 위한 것임을 대부분 알고 있다. 그와 관련해서 만들어진 드라마와 영화만 몇 편이었는가. 교육을 받는 일이 범죄와 연루되는 것이 쉽게 이해되는 사회다.

경쟁하지 않을 자유, 프랑스와 독일

그런데 정말 우리 사회의 많은 문제는 교육에서 비롯한 것일까. 교육이 먼저냐 사회가 먼저냐는 서로 너무나 견고하게 맞물려 있어 그 실타래를 풀 수 있는 지점을 찾기 어렵다. 하지만 분명한 것은 교육이 사회의 변화와 무관하지 않다는 사실이다. 몇 가지 사례를 통해 생각해볼 점이 있다.

시민혁명의 나라 프랑스에서는 경쟁 교육이 들어설 자리가 없다. 시민 개개인의 자유와 존엄, 인권과 다양성을 최고로 추구하는 나라에서 성적으로 우열을 나누는 일은 최소한 교육의 목표와는 거리가 멀다. 바칼로레아로 대변되는 프랑스의 교육이 가장 강조하는 것은 '깨어 있는 시민'이다. 그래서 순위를 매기는 것보다는 스스로 생각을 키우는 것을 중요시하는 교육을 진행하고 있고, 당연히 프랑스 학생들은 한국 학생들에 비해 시험과 등수의 압박에서 자유롭다. 자유로운 교육 분위기 속에서 학생들은 자신의 가능성을 실험하고 도전할 다양한 기회를 얻게 된다. 개개인의 고유함과 고귀함을 중요시하는 사회 분위기가 고스란히 교육에도 반영이 된 것이다. 물론 프랑스 교육에도 문제점은 있다. 평등을 중요시하는 프랑스에서도 상위 5% 안에 들어야 갈 수 있는 '그랑제콜'에서 형성된 특권층은 거의 불변하는 부동의 특권적 지위를 누리고 있다. 사회적으로 계층 간 이동성은 크지 않다. 다만 그렇다고 하더라도 기본적인 복지 제도가 잘 정착되어 있어서 사람들의 불만은 적은 편이다.

시민혁명을 일으킨 프랑스가 자연스럽게 경쟁을 없앤 교육을 가능하게 했다면, 원래는 경쟁 교육이었지만 과거를 청산하고 새로운 교육을 도입한 것이 독일이다. 독일은 교육이 사회를 이끄는 힘이자 원동력임을 여실히 보여주는 국가 중 하나이다. 특히 독일 교육은 1960년대 이후 68혁명 영향과 과거사 청산의 움직임 속에서 새롭게 가치와 방향을 정립했다. 독일 교육은 '나를 위한 사회'가 아니라, '사회를 위한 나'를 키워내는 데 주력한다. 독일 학교에서는 개인이 사회 속에서 자신에게 맞는 역할을 찾아가는 것을 교육 목표로 삼고 있고, 그래서 독일은 무엇보다 기초 교육이 아주 튼튼하다. 학교에서 성적과 등수를 매기지 않으며 절대 평가 방식으로 진행이 되는데, 성적은 1~6점으로 나뉜다. 최고점은 1점, 5~6점은 유급이다. 그런데 놀랍게도 독일 학생들이 가장 선호하는 점수는 1점이 아니라 2점이다. 교우 관계나 여가 시간과 공부의 균형을 잘 맞춘 인재를 학생들이 선호하기 때문이다.

이런 독일 교육에도 물론 문제점들이 있다. 사회적 역할과 협력을 중시하면서 전통적 가치가 강조되는데 이에 따라 혁신적 시도나 도전에는 취약한 부분이 있다. 또한 부모의 직업이 자녀에게도 계승되는 계급의 세습화와 고착화 현상도 문제라고 할 수 있다. 프랑스와 독일 모두 문제점이 없는 것은 아니지만, 교육 제도가 사회를 구성하고 유지하는 데 지대한 역할을 하고 있으며, 무엇보다도 교육에서 학생들이 경쟁하지 않을 자유를 보장하고 있다.

공교육을 자랑스러워할 수 있는 나라, 뉴질랜드와 핀란드

우리는 보통 미래 교육이라고 하면 '미래에 어떻게 잘 먹고, 잘 살 수 있을 것인가?'의 질문으로 고민한다. 하지만 교육의 목표가 다른 나라도 있다. 뉴질랜드가 대표적인데, 뉴질랜드 교육 과정의 기본 질문은 "인류를 위해 더 나은 미래를 만들고 현재 인류가 당면한 여러 가지 문제를 해결하기 위해서 어떤 교육이 필요한가?"라고 한다. 이 질문에 답하기 위해서 뉴질랜드 교육 과정에서는 '지속가능성'과 '시민의식' 등 인류의 미래에 중심 과제가 될 문제들을 집중적으로 탐구한다. 물론 이 교육의 목표가 실제로 학생들에게 어떤 실질적 효과를 거두게 될 것인가는 지켜봐야 하지만 최소한 전 세계가 하나로 연결되어가고 있는 오늘날 단연 돋보이는 교육 목표가 아닐 수 없다.

잘 준비된 공교육이 일궈낸 훌륭한 성과는 핀란드에서 볼 수 있다. 흔히 '교육의 나라'라고 불리는 핀란드는 1970년 교육개혁을 통해 행복하고 존엄한 삶의 질을 누릴 수 있는 시민을 길러내는 것을 교육 목표로 삼고 있다. 그 결과, 개인이 처한 어려운 상황은 교육과 복지로 충분히 극복 가능한 사회가 됐다. 최연소 핀란드 총리로 주목 받았던 산나 마린은 자신이 공교육의 수혜자라고 말했다. 두 살 때 알코올중독자인 아버지와 이혼한 어머니 밑에서 자랐고, 가난으로 열다섯 살 때부터 공장에서 일했지만, 학교에서 만난 선생님들이 준 용기와 공교육 제도의 단단함이 자신을 무너지지 않게 했기 때문이다. 핀란드 시민 역시 핀란드 공교육에 자부심을 가진다. 공교육을 통해 뛰어난 개인이 아니라, 자신들이 지키고자 하는 평등과 행복의 가치를 국가정책으로 이끌어갈 리더가 탄생할 수 있기 때문이다. 산나 마린 정부는 코로나19와 기후위기를 포함한 재난과 재해에 준비된 민족(프레퍼족)이라는 평가를 받는다.

　　한 사회가 지향하는 가치는 반드시 교육 목표에 반영된다. 교육은 그 사회의 가치를 지속가능하게 하고 더 빛나게 하는 결정적인 역할을 한다. 그렇다면 질문해본다. 생명을 위협하는 위기들 앞에서 과연 우리는 어떤 가치를 향해 달려가고 있는가? 지금 우리 교육은 20년 후, 30년 후 어떤 한국을 만들 수 있는가? 제도적·구조적으로 혁명적 변화를 이끌어내기 위해서는 인문적 상상력이 필요하다.

한 사람으로서의 다수

여기서 본질적인 질문을 던진다. 교육이 가치관을 형성한다면, 가치관의 변화는 반드시 시대와 세계의 변화로 이어지는가? 어떤 생각은 빠른 속도로 번져가지만, 또 어떤 생각은 전파되지 않는다. 한 사람의 생각이 세상을 어마무시하게 바꾸는 듯 보이지만, 또 어떤 이의 처절한 노력에도 불구하고 그 영향력이 미미하기도 하다. 단적인 예로 제2차 세계대전 당시 유대인 학살을 지휘했던 아돌프 아이히만은 600만 명을 죽였고, 그에 맞서 유대인들을 구했던 라울 발렌베리는 10만 명을 구하다가 소련군에게 납치되었다. 두 사람 모두 어떠한 믿음에서 비롯한 행동이다. 그런데 어떤 생각은 막강한 힘을 갖게 되고, 어떤 것은 왜 이토록 외롭고 위험한가?

"나는 서슴없이 말한다. 노예제도 폐지론자로 자처하는 사람들은 몸으로나 재산으로나 매사추세츠주 정부를 지원하는 일을 지금 당장 중지하여야 한다고. 그리고 정의가 자신들을 통해 승리하도록 노력하지 않고, 한 표 앞선 다수가 될 때까지 기다

려서는 안 된다고. 만약 그들이 하느님을 자기편으로 두었다면 그것으로 충분하며, 다른 사람들을 기다릴 필요는 없다고 나는 생각한다. 더욱이, 어떤 사람이든지 그가 자기 이웃들보다 더 의롭다면 그는 이미 '한 사람으로서의 다수'를 형성하고 있는 것이다."

— 헨리 데이비드 소로, 『시민의 불복종』 중에서, 39쪽, 은행나무

'한 사람으로서의 다수(Majority of One)'란 단 한 사람이라도 도덕적으로 우위이면 그는 이미 다른 사람들을 이길 수 있다는 말이다. 모두에게 이로운 한 사람의 생각이라면, 그것은 다수의 생각이다. 표면적으로 보면 더 많은 유대인들을 죽음으로 몰고 간 나치의 사상이 더 강력해 보이지만, 결국 살아남은 생각은 생명을 살린 이들의 생각이다. 라울 발렌베리가 살려낸 10만 명의 사람들은, 그들 삶에서 만난 사람들의 고통에 공감하며 자신이 받은 인류애를 다시 베풀어왔다. 그리고 라울 발렌베리뿐만 아니라 자신의 역량과 방식으로 유대인들을 구해냈던 수많은 영웅이 있었고, 그런 사람들은 모든 시대와 사회를 막론하고 있다. 그들 개개인의 영향력은 악한 한 사람의 힘보다 약할지는 모르겠지만, 그들이 구해낸 사람이 단 한 명일지라도 그렇게 구해진 하나의 세상은 더 많은 세상을 구해낼 것이다.

그러므로 그 어떤 생각이든 세상을 변화시킬 힘이 있다. 옳은 생각이 아니더라도 생각은 인간의 세계를 변화시키므로, 우리는 우리가 믿는 것이 진짜인지, 선한 것인지, 정의로운지 끝없이 질문해야 한다. 바로 여기에 교육의 역할이 있다. 이것이 진짜인지 아닌지, 보편적인지 아닌지를 질문하게 하는 능력, 새로운 시선으로 세상을 보게 하는 능력을 갖추는 과정이 교육이다. 그러므로 교육은 세상을 변화시키는 힘이 있다. 또한 단순히 변화시키는 힘에 그치는 것이 아니라, 그 방향이 최대한 인류 공동의 선에 가닿도록 공모하는 일이어야 한다.

한 번의 젊은 나이를 어찌할 것인가

경제만능주의에서 헤어나오지 못하고 있는 우리 사회와 세계의 모습을 바라보며, 100년 전의 모습을 떠올린다. 망국의 깊은 슬픔을 딛고, 나라를 다시 세우기 위해 당시 조선 최고의 부자였던 우당 이회영 일가와 석주 이상룡 일가는 모든 재산을 처분하고 해외에 독립운동 기지를 건설하기 위해 만주로 떠난다. 그곳에서 이들은 신흥무관학교를 세우고, 미래의 독립운동가를 양성하기 위한 교육을 시행한다. 하지만 교육의 현장은 결코 순탄치 않았다. 매일 매일 만주의 혹독한 날씨에 맞서야 했으며, 먹고 살기 위해 그리고 일제의 눈을 피하기 위해 낮에는 척박한 땅을 개간하는 고된 노동을 해야 했다. 하루를 마무리하고 밤에 공부하려고 하면 종종 마적 떼의 습격을 받기도 했다. 도무지 공부할 수 없는 환경이었다.

하지만 나라를 구하겠다는 젊은 독립운동가들의 열정과 투지는 남달랐다. 그들은 틈틈이 육체를 단련하고, 군인으로서 익혀야 할 각종 전략과 군사기술을 공부했으며, 민족적 정체성을 이해하기 위한 역사 공부와 세계가 돌아가는 정세를 공부했다. 당시 신흥무관학교를 비롯하여 일제에 맞서기 위해 공부했던 독립운동가들은 한 명 한 명이 당대 최고의 지식인이자 군인이기도 했다. 이들은 또한 언제라도 자신을 희생해서라도 조국을 구하겠다는 투철한 사명감을 갖고 있었다. 이들의 기강과 기개를 감히 지금의 우리가 상상할 수 없다. 결국 일제에 탄압 속에서 신흥무관학교는 문을 닫게 되었지만, 신흥무관학교가 배출한 3,500여 명의 졸업생은 무장독립투쟁사의 중심에 서서 일제와의 각종 전쟁의 최전방에서 활약했다. 이들은 북로·서로군정서, 의용대, 의열단, 다물단, 조선혁명군, 대한독립군, 대한민국 임시정부 한국광복군 등에 직·간접적으로 관여하며 단연코 빛나는 활약을 펼쳤다. 일제는 이들의 이름을 들으면 공포에 떨어야 했다. 독립운동가들이 일제에 맞서고자 교육운동에 뛰어든 것은 간절하고 절박한 시도였다. 당장 맞서 싸워도 모자랄 판에 미래를 바라보고 젊은이들을 키워내는 것이 이 나라의 희망이라고 생각했던 것이다. 이들의 철학은 지금도 여전히 우리에게 크나큰 울림을 준다.

우당 이회영은 나라가 일제에 빼앗긴 것을 개탄하며 서른 살의 나이에 시를 쓰며 "이 한 번의 젊은 나이를 어찌할 것인가"라고 스스로에게 질문했다. 그리고 그 질문은 자주적이고 평화로운 세계를 만들 미래 세대를 양성하는 학교를 짓고, 자유로운 정신을 지키는 데 평생을 바치는 일로 이어졌다. 우당은 일제에 복수하고 그들에게 똑같이 되갚는 옹졸한 생각이 아니라, 온 세계가 자유롭고 평등하게 살아가는 세계를 꿈꾸는 젊은이들이 생겨나길 바랐다. 우당 이회영과 함께한 독립운동가들은 교육의 참된 뜻을 알았던 것이다.

오늘날 우리는 전 세계적으로 교육열이 극심한 나라에 살고 있다. 과열된 입시경쟁 속에서 잠을 못 자면서까지 공부해야 하는 상황에 놓여 있다. 청소년들은 말한다. "당시 신흥무관학교에서의 공부는 나라를 구하는 공부였는데, 지금 우리가 하고 있는 공부는 자기 자신만을 위한 것이에요." 옆 친구와의 경쟁에서 이기기 위해서 온종일 자기 눈앞의 책상에 코를 박고 공부해야 한다. 노트 필기를 보여주지 않는 것은 물론이고, 성적으로 학생의 가치를 평가하는 체제 속에서 자기 자신밖에 모르는 인간으로 자라게 된다.

선한 의지가 더 강한 힘을 갖길 원하는 사람에게서 피어나는 간절한 염원이 커질 때, 한 사람으로서의 다수이고자 하는 사람들이 진짜 다수가 될 때, 그때 분명 혁명은 일어난다. 그런 선하고 보편적인 지향을 가진 한 사람으로서의 다수를 길러내는 교육이 절실하다. 경제만능주의를 극복하고, 나 자신만 생각하는 편협한 이기주의를 넘어서, 세상의 악에 맞서서 꿋꿋이 인류의 자유와 평등, 평화를 향하여 걸어가는 선한 이들. 우리는 우리 스스로 바로 그렇게 되기를 선언해야 한다.

그대들, 어떻게 살 것인가

정신을 바로 세우고 인간다운 생각의 힘을 믿었던 것은 우리나라에만 있는 것은 아니다. 군국주의와 제국주의가 전 세계를 지배하던 시절, 일본의 지식인들은 자라나는 새로운 세대만큼은 잔인하고 악한 시대의 영향을 받지 않고 완전히 새로운 꿈을 꿀 수 있어야 한다고 생각했다. 어려운 시절이었고 희망하기가 불가능한 시대였지만, 인간다움을 포기하지 않기 위해 어려움을 무릅쓰고 책을 펴냈다. 요시노 겐자부로가 쓴 『그대들, 어떻게 살 것인가』도 그러한 뜻을 갖고 쓰여진 소설이다.

책의 주인공 '혼다 준이치'는 '코페르'라고 불린다. 천동설에서 지동설로 세상을 보는 시각을 완전히 뒤바꾼 코페르니쿠스와 같은 대전환을 경험한 기념으로 붙여진 별명이다. 소설을 읽어보면 인간답다는 것은 무엇인지, 한 개인은 어떻게 모든 존재와 연결되어 있는지, 우주의 진실은 무엇인지 끊임없이 질문하며, 어떻게 살 것인지 생각하게 한다. '코페르'는 자신이 마주한 상황을 회피하거나 당연하게 여기지 않고, 무엇을 선택해야 하며 그 근거가 무엇인지 고민한다. 코페르처럼 훌륭한 인간이란 무엇인지 끝없이 질문하는 것이 잔인한 시대를 멈출 수 있는 유일한 힘이라고 저자는 믿었을 것이다.

인간 위에 인간이 있고 오직 하나의 생각만을 따라야만 했던 시절, 다른 생각이 있을 수 있고, 우리는 공감과 연대와 우정의 마음을 가진 존재임을 잊지 않다는 것을 생각할 수 있도록 일본의 깨어 있는 지성인들이 책을 펴냈다. 실제로 그 책을 읽고 인간으로서 어떻게 살 것인지를 고민한 사람들이 있었고, 그들 중 세계적으로 영향력을 가진 사람들이 각계각층에서 활동을 했다. 물론 일본 사회는 여전히 제국주의와 국수주의를 다 벗어던지지 못한 모습들을 종종 보이고 있지만, 분명 인간다운 삶을 지키고자 했던 노력들이 세계를 지탱하고 있음을 부인할 수 있는 사람은 없을 것이다.

그들이 '책'을 선택한 이유는 무엇이었을까? 책은 교육의 가장 기본적이자 근본적인 도구다. 아동발달학자 매리언 울프는 오랜 연구를 통해 읽기의 습득이 인간의 "뇌의 배선을 바꾸었으며, 그와 더불어 인간 사고의 본질에 변화"를 일으킨다는 것을 발견했다. 읽기란 단순히 글자를 읽어내는 작업이 아니라, 정보를 처리하고 판단을 하며 이해하는 과정 전체를 아우르는 일이다. 책을 읽는 것은 다른 감각적인 것들에 신경을 빼앗기지 않고, 오직 사유에 집중하게 하는 일이므로, 가장 인간적인 작업이며 인간을 인간으로 만드는 과정이다. 헤르만 헤세는 "글은 인간만 쓰는 게 아니다"라며 "객관화된 정신으로 바라보려 하고 또 그럴 줄 아는 것은 오로지 인간 정신뿐"이라고 했다. 강물의 흐름과 바람의 방향도 자연이 자신을 드러내고 표현한다는 점에서 글을 쓰는 행위다. 하지만 그것을 객관화된 정신, 즉 '글자'로 생각하고 써내는 것은 오직 인간이다. 오직 인간만이 할 수 있는 행위가 '책'인 것이다. 책을 읽는다는 것은 인간이 되는 가장 중요한 교육의 방법이기에, 당대 지식인들은 책을 세계 변혁의 도구로 선택했을 것이다.

교육은 어떻게 살 것인지 고민하고 선택하고 실행에 옮길 수 있는 '생각'의 기술을 배우는 과정이다. 타인의 마음을 이해하고 사회가 운영되는 방식을 비판적으로 바라보고 새로운 가능성을 제시하는 능력을 기르는 일이다. 교육이 그 역할을 해내지 못한다면, 결국 우리는 비인간적인 생각을 따라 살게 될 뿐이다. 그러므로 질

묻하자. 우리는 어떻게 살고자 하는가? 무엇을 믿으며 그에 따라

살고자 하는가?

세계적인 소설가 헤르만 헤세가 사랑하는 것들이 있습니다. 나무, 정원, 그림, 여행, 그리고 책. 『헤르만 헤세의 책이라는 세계』에는 책에 대한 그의 깊은 애정과 철학이 듬뿍 담겨 있습니다. 책읽기는 고도의 정신을 집중하는 작업인데, 반대로 정신을 풀어놓으려 읽는 행위는 "눈을 감고 아름다운 풍경 속을 거니는 것"이라고 말하기도 하고, 책을 한 번 읽고 버리거나 돌아서 잊어버리면 아무리 많은 책을 읽어도 "정신은 여전히 빈곤할 것"이라고 비판하기도 합니다. 책읽기는 "알프스를 오르는 산악인의 또는 전쟁터에 나가는 군인이 병기고 안으로 들어설 때의 마음"이어야 한다는 헤르만 헤세의 말은 비장하게 느껴지기까지 합니다.

2022년 국민독서실태조사에 따르면 우리나라 국민의 절반 이상이 1년에 1권의 책도 읽지 않습니다. 물론 성인의 경우이고 어린이와 청소년은 책을 그나마 읽는 편이긴 하지만, 부모님의 권유 혹은 학교의 과제가 아닌 책읽기는 점점 힘들어지고 있는 추세인 것이 확실합니다. 책읽기를 즐기지 못할 때, 헤세가 이야기했듯 우리의 정신은 가난해질 것입니다. 단순히 책을 많이 읽는 것이 아니라, 책을 사랑할 수 있는 방법을 찾고 싶었습니다. 여러분은 책을 사랑하시나요? 사랑할 수밖에 없는, 혹은 사랑해야만 하는 이유를 여러분께 공유하고 싶습니다.

천천히, 제대로 읽으면 보이고 들리는 것들

김도훈(16세)

헤르만 헤세는 책에서 풍성함을 얻고자 온 힘을 기울인다면 지금 읽는 것의 10분의 1 가량만 읽는다고 해도 10배는 더 행복하고 풍족해질 수 있다고 하였습니다. 해석해보면 책을 적게 읽더라도 제대로 읽어야 한다는 것입니다. 되돌아보면 저는 이와 전혀 반대로 책을 읽어왔습니다. '속독'과 '다독'을 중요하게 생각하며, 책을 빠르게 많이 읽었지요. 책을 많이 읽는다고 칭찬을 들어서 기분이 좋긴 했지만, 한편으로는 채워지지 않는 무언가가 있었습니다.

정독을 하는 것은 '쉽다'의 완전 반대였습니다. 정독한다고 생각하며 읽어도 정신을 차리고 보면 10초에 한 장씩 넘기고 있는 경우가 허다했습니다. 그래서 '천천히 읽기'부터 시작해보기로 했습니다. 입으로 읽는 속도에 맞추어 책을 읽었습니다. 그러다 보니 책을 읽는 속도가 뇌의 속도에 맞추어지는 것 같은 느낌이었습니다. 하지만 아직 큰 문제가 남아 있었습니다. 제가 아직 책을 '어설프고 얄팍한 수용'을 위해 읽는다는 것입니다. 이 문제를 해결하기 위해 한 가지 방법을 생각해냈습니다. 바로 '내가 글을 쓴 사람이면 어떨까'라고 생각하며 책을 읽는 것입니다. 이렇게 하면 글쓴이와 보조를 맞춰 전체적인 정신의 움직임을 경험하는 것이 가능해지기 때문입니다. 이렇게 책을 읽으니, 읽는다는 것이 나 자신을 알고, 더 나아가 한 단계 성장하는 것임을 알게 되었습니다.

책은 온몸으로 읽는 것

모경현(16세)

여러분은 새로운 세계를 탐험하는 것을 즐기나요? 새로운 미지의 영역은 우리의 호기심과 열정을 자극하기도 하지만 완전한 새로움에 의한 두려움을 만들어내기도 합니다. 우리가 새로운 세계에 대해 알아가는 방법은 여러 가지가 있습니다. 두 발로 뛰고 만지며 경험하거나 자료를 읽는 등 간접적인 방법과 직접적인 방법으로 나누어 볼 수 있을 것입니다.

하지만 헤르만 헤세는 한 권의 책을 읽는 일이 간접적인 방법이 되어서는 안 된다고 단호하게 말합니다. 모든 인간은 각자의 내면에 자신만의 우주를 가지고 있습니다. 책을 읽는다는 것은 '작가'라는 나와 다른 세계를 가진 사람의 속을 들여다보는 것, 단순히 글자를 읽는 것이 아니라 온몸으로 상대의 우주를 받아들이는 것입니다. 또한, 헤르만 헤세는 "글은 인간만 쓰는 게 아니다. 손 없이도 펜이나 붓, 종이나 양피지 없이도 글은 써진다. 바람과 바다, 강과 시내가 글을 쓰고, 동물도 쓰는 것"이라고 말했습니다. 강과 바다 또한 자신만의 이야기를 갖고 있다는 것이지요. 다만 이것을 글자로 표현하여 또 다른 이에게 전달하는 것은 오직 사람만이 가질 수 있는 기억법이며 경건한 방식입니다.

세상의 모든 것이 글이고 책입니다. 이것이 우리가 책을 읽는 일이 간접적 경험이 아닌, 직접적이고 능동적인 일이라는 증거입니다. 어릴 적 학교 숙제로 매달 독후감을 한 편씩 제출했습니다. 저는 책의 이야기를 전달하는 것이 가장 중요하다고 생각하여 저의 느낀 점은 쓰지 않은 채 줄거리만 요약하여 자랑스럽게 제출하였던 기억이 납니다. 다시 써보는 것이 좋겠다는 선생님의 평가를 받앗을 때 이유를 잘 알지 못했는데, 이젠 알겠습니다. 꼭 화려하고 현란한 글솜씨가 아니더라도 한 인간이 써 내려가는 글에는 그 사람의 이야기가 반드시 묻어나야 합니다. 같은 일을 가지고 같은 주제의 글을 쓰더라도 사람들은 자신만의 우주에서 생각하고 기록하며 기억합니다. 그것이 헤르만 헤세가 언급한 '책의 마력'일 것입니다. 책을 읽는다는 것은 나와 다른 우주를 들여다보는 일입니다. 절대 간접적인 경험이거나 단순한 정보교환이 될 수 없습니다.

배움으로써 책읽기

이강욱(16세)

헤르만 헤세는 책에 대해 "책은 오직 삶으로 이끌어주고 삶에 이바지하고 소용이 될 때만 가치가 있다"라고 말했습니다. 또, 지식인 에드워드 사이드는 "독서로 얻는 것이란 어설프고 얄팍한 수용이 아니라, 전 인간적인 경험이다"라고 주장했습니다. 저는 이들의 주장을 통해 독서의 본질적인 의미에 대해 생각해보았고, 그동안 제가 단순히 다독에만 신경 쓴 것이 아닌지, 이때까지 한 읽기가 어설프고 얄팍한 수용의 집합체는 아닌지 반성하며 책읽기에 대해 다시 생각해보았습니다.

먼저 헤르만 헤세가 가지는 읽기에 대한 태도와 제 견해를 비교해보았습니다. 헤르만 헤세는 "책이란 무책임한 인간을 더 무책임하게 만들려고 있는 것은 아니며, 삶에 무능한 사람에게 대리만족으로서 허위의 삶을 헐값에 제공해주기 위해 존재하는 것은 더욱 아니다"라며, 책을 오락거리로만 즐기는 이들의 태도를 비판했습니다. 또, "독서를 통해 정신을 풀어놓는 것은 옳지 않다"라고 말했는데, 이에 대해, 저는 조금 다른 생각입니다. 정서적으로 건강한 사람이라 하더라도, 때로는 마음의 힘듦을 풀어내고 정신적인 안정을 찾기 위해 휴식이 필요한 경우가 있습니다. 이때 독서를 통해 마음을 풀어내는 것은 오히려 도움이 될 수 있습니다.

또한, 독서를 통해 새로운 시각과 경험을 얻는 것은 인간의 창의성과 상상력을 높이는 데에도 도움이 될 수 있습니다. 물론, 제대로 된 책을 읽을 때는 주의를 집중하고, 책에 담긴 감정들을 적극적으로 몸소 체험하는 것이 중요합니다. 이러한 과정을 거쳐서 우리는 책으로부터 더욱 많은 것을 배우고, 성장할 수 있습니다.

정신을 집중한 채로 읽고 삶에 이바지하기 위해 읽는 헤르만 헤세의 읽기와, 잠시 휴식을 취하거나 다른 곳에 잠시 몰두하고 싶어서 하는 읽기는 서로 다른 의미를 지닌다고 생각합니다. 하지만 둘 다 인간 고유의 활동이고, 새로운 것을 배워간다는 것을 목표로 하며, 나와 다른 의견을 수용하고 비판하며 나만의 가치관을 형성해

나가는 과정임은 명백합니다. 헤르만 헤세의 말 중에 가장 기억해야겠다고 생각한 것은 "책으로 도피하지 말라"는 것입니다. 마음의 고단함을 달래는 것과 자신이 져야 할 책임을 잊는 일은 다른 것이기 때문입니다.

책을 읽으면 자유로워진다

이윤영 (16세)

헤세는 『헤르만 헤세의 책이라는 세계』에서 독서의 유형을 총 3가지로 나누어 그 특징을 소개하는데, 독자를 '소박한 독자'와 '사냥꾼 독자', '유희하는 독자'로 나누었습니다. 그에 따르면 순진하고 소박한 독자는 작가의 파동을 함께 타고 그의 세계관에 온전히 동화되며, 작가가 자기 인물들에 부여한 해석 일체를 가감 없이 수용합니다. 그러니 이들은 책과의 관계에 있어 독자적인 개인, 온전한 자기 자신이라 할 수가 없습니다. 다음으로 '사냥꾼 독자'는 하나를 보더라도 그것에 대해 열 가지, 백 가지의 의미를 지닐 수 있는 어린아이의 본능을 지니고 있다고 봅니다. 이들은 마부를 따르는 말이 아니라, 마치 사냥꾼이 짐승의 자취를 더듬듯 작가를 추적한다고 묘사했습니다. 마지막으로 '유희하는 독자'는 너무나 개성적이고 자신에게 충실해서, 무엇을 읽든 완전히 자유로운 태도로 임합니다. 이들이 책을 읽는 이유는 교양을 쌓기 위함도, 재미를 얻기 위함도 아니라 단지 이들에게 독서란 모든 대상과 다름없는 일종의 출발점이자 단초일 뿐이기 때문입니다. 이 셋 중에 어떤 독자가 가장 좋고 옳다는 것을 말하기는 어렵지만, 때에 따라 우리는 셋 중 하나의 모습으로 책을 읽어야 할 것입니다.

헤르만 헤세는 상상력과 연상 능력이 최고조에 이를 때 우리는 종이 위에 인쇄된 것을 읽는 것이 아니라, 우리가 읽은 것을 타고 떠오르는 충동과 영감의 물결 속을 헤엄쳐 다니게 된다고 했습니다. 또한, 에드워드 사이드는 독서로 얻는 건 단순한 정보, 어설프고 얄팍한 수용이 아니라 전 인간적인 경험이라고 주장합니다. 그렇습니다. 독서는 우리를 감동하게 하고, 활력을 느끼게 하고, 흥분시키고, 스스로 삶을 살아가고 있음을 느끼게 하는 것입니다. 그래서 저는 단순히 텍스트를 읽고 해석하는 과정이 아니라, 얼마나 주체적이고 창조적으로 사고를 확장할 수 있는지가 독서의 궁극적 목적이자 본질이라고 생각합니다. 독서를 위한 독서가 아니라, 자기 자신을 위해 독서하면서 살아 있음을 깨닫는 과정이 독서 그 자체라고 생각합니다. 또한 책을 읽는 매 순간 계속해서 새로운 성장이라고 생각합니다.

미국의 시인 에즈라 파운드는 "사실 우리는 힘을 얻기 위해 독서해야 한다. 독서하는 자는 극도로 활기차야 한다. 책은 손안의 한 줄기 선한 빛이어야 한다"라고 했습니다. 저는 평소에 책을 읽을 때면 항상 이 문장이 떠오릅니다. 파운드는 어떠한 목적을 달성하기 위해서, 힘을 얻기 위해서 독서해야 한다고 했지만, 자신이 독서하는 동안 극도로 활기찬 상태에서 다양한 삶의 감정을 느낄 수 있다면, 독서는 그 자체로 충분히 의미가 있다고 생각합니다. 더불어 독서하는 과정에서 조금씩 성장하고, 독서가 모두의 삶에 한 줄기 빛으로 다가올 수 있다면 좋겠습니다.

🔍 **함께 읽어볼 책**

- 『결정 거부자』, 설흔 지음, 우리학교, 2023
- 『그대들, 어떻게 살 것인가』 요시노 겐자부로 지음, 김욱 옮김, 양철북, 2012
- 『죽음을 멈춘 사나이, 라울 발렌베리』 샤론 리니어 지음, 배은경 옮김, 꼬마이실, 2010
- 『생각을 바꾸는 생각들』 비카스 샤 지음, 임경은 옮김, 인플루엔셜(주), 2021
- 『이회영 평전』 김삼웅 지음, 책으로보는세상, 2011
- 『지식채널 × 생각의 힘』 지식채널e 제작팀 지음, EBS BOOKS, 2021
- 『헤르만 헤세의 책이라는 세계』 헤르만 헤세 지음, 김지선 옮김, 뜨인돌, 2022

삶을 위한
질문과 토론 ─ 6

생태·환경

인간은 생태위기를 극복할 수 있을까?

함께 나눌 질문

· 지속가능성이란 무엇을 뜻하는가?
· 기후위기는 왜 정의의 문제인가?
· 동물도 인간과 똑같이 존중해야 하는가?
· 지구를 지키기 위한 나의 책임은 무엇인가?

2022년 12월 24일, 크리스마스 연휴에 비극이 발생했다. '폭탄 사이클론'이라 불리는 폭설과 최저 영하 46도의 혹한으로 미국의 많은 지역이 완전히 마비되었고, 수십 명이 사망했다. 일본 삿포로에도 하루 만에 97cm의 폭설이 내렸고, 많은 피해가 발생했다. 반면 만년설이 쌓여 있어야 하는 스위스의 알프스 산맥에는 지구 온난화로 눈이 모두 녹아내렸고, 그해 여름에는 파키스탄이 폭우로 국토 1/3이 물에 잠기기도 했다. 그야말로 기후는 재앙이 되었다.

뉴욕주지사는 재난 상황을 브리핑하며 "한파와 홍수, 폭설, 영하의 날씨까지 대자연이 가할 수 있는 모든 일을 우리는 겪고 있다",

"이것은 대자연과의 전쟁이다"라고 말했다. 자연이 인간을 공격하고 있고, 우리는 그것에 맞서 싸워야 하는 것이다. 극단적인 기후 변화로 인한 이상기후 현상들은 물리쳐야 하는 적이라는 생각은 '기후위기' 혹은 '기후재앙'보다 '기후공격'쯤으로 여기는 인간 중심적 발상에 우리가 여전히 발 묶여 있음을 보게 하는 대목이다. '대자연(Mother Nature)'이라고 부르는 것과 아주 역설적이게도 말이다.

고통의 기원은 인간이다

만약 지구가 말을 할 수 있다면 인간에게 무슨 말을 할 것인가. 국제보호협회(Conservation International)에서 자연이 인간에게 무엇이라 말할 것인지 상상 TV 시리즈 〈자연이 말한다(Nature Is Speaking)〉를 제작했다. 바다, 땅, 하늘, 얼음, 숲, 산, 파도, 꽃, 흙 등 다양한 목소리를 세계적인 배우들이 연기하는데, 인간에 대해 분노하거나 역정을 내는 방식이 아니다. 물론 어리석은 인간에 대한 경고가 내용 중 나오기는 하지만, 대자연이 왜 그리고 어떻게 존재하는지를 잘 담았다. 인간의 입장에서 생각한 자연이 아니라, 자연의 입장에서 보는 인간의 모습을 생각할 수 있는 좋은 자료다.

인간이 이 세상의 주인인 듯 생각하고 살기 시작한 지는 100년이 조금 더 되었을 뿐이다. 그전까지는 자연은 함부로 손댈 수 없는 영역이었고, 그야말로 어머니 대지였다. 지역마다 다르지만, 전해져오는 신화들 대부분은 자연의 힘과 관련이 있고, 먹고 살기 위한 모든 것을 제공하는 자연의 힘을 자비로움이라 여기며 누렸고, 역경을 주는 힘에 대해서는 겸손과 인내를 요구하는 일로 받아들였다. 때론 용감하게 맞서는 일도 있었지만, 그렇다고 자연과 전쟁을 한다거나 무찌르는 형태가 아니라, 지혜와 슬기를 발휘해 생존 방식을 강구했을 뿐이다.

　　하지만 과학의 발전과 이성적 사고의 탄생은 인간이 모든 것을 파악하고 관장할 수 있다는 착각을 불러일으켰다. 보이지 않는 것에 대한 상상력은 퇴보했고, 모든 것을 도식화하고 명료하게 정의내릴 수 있다고 여겼다. 신의 영역이라 여겨지던 핵분열과 융합에까지 성공하며 인간의 자신감은 커져만 갔다. 하지만 중요한 것은 인간의 그러한 생각 역시 믿음일 뿐이라는 사실이다. 그렇게 믿고 싶었지만, 현실은 그러하지 않았다. 자연은 인간의 생각대로, 인간이 원하는 대로 짜맞춰질 수 있는 것이 아니다. 인간이 자연 속에 있고, 자연의 일부일 뿐이라는 사실을 망각한 행동은 전혀 현실적이지 않았던 것이다. 인간이 거슬렀던 자연의 힘은 결국 스스로 그 자리를 찾는 힘이 약해졌고, 사라진 것들은 집을 지탱하는 나사가 하나씩 빠지듯 지구를 망가뜨렸다.

결국 인간은 자연의 섭리에 의해 멸망할 지경에 이르렀다. 그런데 중요한 것은 인간이 멸망하기 전까지 너무나 많은 고통이 따른다는 것이다. 인간의 문명이 나타난 이후 지구상 모든 생명체의 0.01%에 불과한 인간은 야생 포유류의 83%, 해양포유류 80%, 어류 15%, 그리고 식물의 50%를 멸종시켰다. 멸종 속도는 점점 더 빨라져서 지난 50년 사이에만 지구상 동물의 절반이 사라졌다. 이 같은 인간의 자연 파괴행위가 6,500만 년 전 공룡을 멸종시킨 제5의 대멸종에 이어 6번째 대멸종을 부를 것이라는 경고는 비현실적이지 않다.

이뿐이 아니다. 산업혁명 이후 급격히 진행된 지구온난화와 이로 인한 이상 기후는 빙하를 녹이고 해수면의 높이를 상승시켰다. 이에 따라 인간이 거주하던 삶의 터전이 수면에 잠기면서 발생하게 된 난민이 기하급수적으로 늘어나고 있다. 기후변화로 살아갈 곳을 잃게 된 기후난민이 2050년까지 1억 4천여 명에 도달할 것이라고 한다. 또한 기후변화는 자연재해의 규모를 비약적으로 증폭시켜서 인간 삶의 터전을 모두 잠식시킬 만큼의 폭우를 동반한 홍수, 태풍, 허리케인 등의 빈도를 증가시키는가 하면, 다른 한쪽엔 극심한 가뭄과 산불, 사막화를 일으키고 있다.

환경오염 문제는 더욱 심각하다. 대기와 토양, 바다는 되돌릴 수 없을 지경으로 오염되었고, 인류세라는 새로운 지질시대의 용어가 등장할 만큼 인간이 만들어낸 쓰레기는 환경을 변형시키고 있다. 눈앞이 제대로 보이지 않을 정도의 미세먼지는 호흡기 질환을 시작으로 수많은 합병증을 유발하며 생존을 위협하고 있다. 각종 쓰레기와 난개발로 토양은 돌이킬 수 없는 오염을 겪고 있고, 숲은 벌목과 화재, 개발로 사라지고 있다. 무엇보다도 가장 대두되고 있는 문제는 해양 오염이다. 태평양에는 한국 땅의 39배나 되는 쓰레기 섬이 있고 이를 일곱 번째 대륙이라고 부르기도 한다. 환경학자들은 2050년이 되면 바다에 살고 있는 모든 생명체보다 쓰레기가 더 많아질 것이라고 관측한다. 바다에 떠다니는 쓰레기 중 70% 이상이 플라스틱이다. 이 플라스틱을 먹고 수많은 동물이 때 아닌 대학살을 당하고 있다. 플라스틱 중 모래 알갱이의 1/50 크기인 미세플라스틱은 물고기와 다른 동물들을 통해서, 그리고 우리가 마시는 물을 통해서 인간의 몸속으로 들어오고 있다. 미세플라스틱이 생명에 어떤 영향을 미칠지 아직 밝혀진 바가 없는데 이것으로 인한 불안은 더욱 커지고 있다.

문제는 이 모든 고통은 불평등하다는 것이다. 그 책임으로부터 가장 멀리 있는 존재부터가 고통에 희생된다. 고통의 원인과 결과 사이에 생겨난 크나큰 간극은 이 문제의 해결을 더욱 더디게 하고 있다.

자연과 인간의 관계에 대한 재정립

우리는 흔히 '생태' 혹은 '생명'에 대하여 이야기할 때, 한없이 더러워지고 위기에 봉착한 지구의 상황을 "인간이라는 몹쓸 존재 때문"이라고 이야기하며, 이제 그 관계를 전복시킬 것을 요구한다. 대부분 자연이 인간보다 위대하므로 그를 무시해서는 안 된다고 생각한다. 그러나 과연 이러한 주체의 변화, 즉, 누가 우월한 위치인가에 대한 재정립은 지금의 문제를 해결할 수 있을까? 그렇지 않다. 자연이 더 위대하다는 생각으로 전환 자체가 불가능에 가까울 만큼 어렵고, 만약 그렇게 생각한다면 인류가 발명한 모든 문명은 포기해야 하는데, 너무나 오랜 시간이 걸릴 것이다. 그전에 지구는 더 이상 생명체가 살 수 없는 곳으로 변할 것이다.

우리가 생명을 되살려야 한다거나 보호하자고 외칠 때 범하는 가장 큰 문제는 바로 생명을 인간과는 '다른' 대상으로 여긴다는 것이다. 물론 인간이 생명체계 속 일부이기 때문에 그것을 잊지 말자는 환경보호 구호도 있다. 문제는 그것이 단순히 구호에 그친다는 데 있다. 실제로 인간이 어떻게 자연 속에 있는지, 있어 왔는지, 있을 것인지를 상상하고 또 구체적으로 실현시킬 연구 없이는 현실성이 없다. 예를 들어, 인간을 다른 생명 종들을 파괴하는 존재라고 가정해보자. 일부분 사실이기도 하지만, 인간 그 자체를 자연에 해로운 존재라 정의내려버리면, 자연에 해롭지 않기 위해서는 자신의 생존마저 포기해야 한다. 즉, 인간이 바이러스나 질병, 자연재해로부터 위협을 받을 때에도 방어할 근거가 사라져버리게 되는 것이다. 이것이 과연 실천적일 수 있을까? 아마 현실성 없는 허무한 이야기로 남거나 혹은 인간은 역시 이기적이라는 한탄과 자조만이 남을 것이다. 그러므로 인간사회가 여전히 자연세계 속에서 존재하는 것임을 인식하고 자연세계 전체가 인간 삶의 방식에 따라 작동할 것이라고 생각하지 않아야 한다는 것이지, 사회 전체를 부정하고 자연으로 귀의하자는 식의 결론을 내려서는 안 된다.

생명은 인간이 '해석하는 것'이 아니라 '검증 가능한 것', 즉, 존재하는 것이다. 객관적이고 당위적인 것으로, 개인(혹은 특수한 종)의 입맛에 따라 변하는 것이 아니라는 의미에서 절대적이다. 지금 존재하는 모든 것은 어떤 모습이건 간에 연속하는 자연 속에서 있는 객관적인 결과이며, 하나의 생명 과정에 속한다. 중요한 것은 생명체계 내에 인간 위치의 역사를 단절시켜서는 안 된다는 사실이다. 다른 생명체들이 그러하듯이 인간 또한 자연 내에서 살아남는 방식에는 특이성이 있다. 그러므로 인간이 자연 내에서 차지하는 위치가 있는데, 그것을 고려하지 못하게 되면 그때부터 모순과 파괴는 시작된다. 인간이 그의 생존세계를 마치 인간에게만 해당하는 주관적인 것, 즉 전체 생명체계를 배제한 채 단독으로 생존하고 있다고 착각해왔기 때문에 지금과 같은 문제를 일으키고 있는 것이다. 결국 인간이 합리적이며 완벽하게 관측했다고 불렀던 것들은 객관적 윤리가 배제된 편협한 시각이었다.

자연은 나와 같은 것이 아니지만 그렇다고 나와 분리된 것도 아니다. 그저 서로의 존재방식들의 연결 속에서 끊임없이 운동하며 살아가는 역동적인 생명이라는 점만이 사실이다. 우리는 우리의 존재방식을 스스로 왜곡하여 자신의 존재를 위협하는 동시에 연속선상의 모든 우주를 위협하고 있다. 그렇기에 우리는 다시 생명체계에서 인간사회를 분리하여 추상화한 세상으로부터 벗어나, 우리의 본연의 존재방식의 목소리에 귀 기울일 필요가 있다. 그 어떤 다른 대상을 위한 호혜적인 행위가 아닌, 그렇다고 독단적으로 가치의 방향을 새롭게 설정하는 것이 아닌, 존재 그 자체의 방식에서 과연 인간이 어디에 속해 있는가를 찾아내야 한다.

지속가능한 세계를 위한 정의로운 선택

그렇다면 인간의 자연에 대한 인식과 실천은 어떻게 바꾸어야 하는가? 무엇이 인간인지를 고민했고, 인간이 나아가야 할 길을 탐구한 영화나 책이 많이 발표되었는데, 프랑스의 영화감독 시릴 디

옹이 각국의 과학자와 시민운동가, 기업가, 정치인을 만나 제작한 다큐멘터리 〈내일〉과 새로운 2040년을 만들기 위한 대안을 실천하는 이론과 사회를 소개한 호주의 데이먼 가뮤 감독의 〈2040〉 등에서 그 힌트를 얻을 수 있다.

다큐멘터리의 내용을 들여다보면, 소개된 많은 사례가 지금까지 없었던 획기적인 대안을 제시하는게 아니라는 점을 알 수 있다. 마을 농업을 통해 식량 자급률을 높이고, 청년들을 교육해 농부를 길러내며, 지역화폐를 만든다. 공동체 구성원이 친환경 에너지 설비에 직접 투자하고 소비하는 네트워크를 만들어낸다. 사회 문제에 관심을 가지고 있는 사람이라면 어디선가 한 번쯤 들어보았을 만한 일들이다. 그런데 이를 세계적인 변화의 흐름으로 만들 수 있다면 100억 명의 인구를 먹여 살리면서도 생태계를 복원하고, 토양과 나무에 이산화탄소를 저장하고, 수백만 개의 일자리를 창출할 수 있다.

즉, 우리는 이미 방법을 알고 있었다. 다만 선택하지 않았을 뿐이다. 현재 세계를 움직이는 거대한 자본의 힘을 용인하기 때문이고, 기득권 세력의 이기심을 허용하기 때문이다. 인도의 생태운동가 반다나 시바는 다음과 같이 말한다.

"우리는 상위법을 따라야 합니다. 상위법은 두 가지가 있습니다. 하나는 자연, 다양성, 생명의 법입니다. 우리의 생명이 달린 지구를 돌보지 않으면 지구와 함께 인류도 멸망하리라는 것을 가르쳐주는 법이지요. 또 하나는 인권, 민주주의, 헌법에서 나온 법입니다. 이 두 가지 상위법에 따라 우리는 자연의 균형을 위태롭게 하거나 인간이 자유롭고, 독립적이며, 인간다운 존재가 되는 걸 막는 법은 없애야 합니다."

우리는 이제 다시 질문해야 한다. 어떤 삶의 원칙에 따라 살아갈 것인가? 무엇이 우리의 마음을 움직이는가? 공존의 사실을 망각한 인류에게 미래는 없다. 극명하게 대비되는 운명이, 그 부조리가 불편한 것은 세상에서 일어나고 있는 일 중 나와 관련되지 않은 일은 없기 때문이다. 이 세계의 모든 것은 끝끝내 나와 연결되어 있고, 이 세계에서 일어나는 모든 일은 나의 책임이다. 그 사실이 부담스럽게 느껴지기도 하지만, 동시에 내 안에 내재한 가능성을, 그중에서도 선한 본성을 가장 극대화할 수 있는 지점이기도 하다.

인류에게 희망은 있는가. 생명은 지속할 수 있는가. 매일 최악의 기록을 갱신했다는 기후재앙의 소식이 가득한 지구와 인류의 미래에 대한 수많은 비관론이 쏟아진다. 그러나 그런 비관과 냉소를 뚫고 우리는 우리가 할 수 있는 일을 해야 한다. 2022년 4월, 과학자들이 거리로 쏟아져 나왔다. 기후과학은 계속해서 위기에 대한 대응이 시급하다는 것을 데이터로 증명했으나, 수많은 개인, 기업, 정부가 무시해온 것에 대한 반발이었다. 가치중립적인 입장을 고수하는 과학자 집단이 매우 적극적으로 행동한 이례적인 사건이었다. 그만큼 이 일은 어떤 것보다 시급한 일이며, 생명과 직결된 일이다. 지속가능한 미래를 결정하기 위해서 우리는 스스로에게 질문을 던져야 한다. 인간은 무엇이며, 우리는 어디로 가야 하는지, 우리는 절실하게 묻고, 또 묻고, 다시 물어야 한다. 하지만 우리는 질문하는 법을 잊고 살고 있는지도 모른다.

우리가 인간이 만든 수많은 비극적 참상에 이토록 무감하고, 지구환경을 파괴해온 삶의 양식과 소비 습관, 경제 구조, 정치 체제, 교육 제도를 여전히 그대로 유지해가고 있는 것은 인류가 자신을 제대로 돌아보고, 질문하지 않기 때문이다. 반성과 성찰 그리고 질문의 부재는 사회 지배 가치인 돈을 우선시 여기며, 좋은 대학과 돈 잘 버는 기업에 취직하는 것, 자기 자신만을 생각하는 이기적인 행복만을 삶의 목표로 삼고 그것 이외에는 부차적인 것으로 여기는 풍토로 이어진다. 내가 사용하는 물건이 어디서 어떻게 만들어졌는지, 나의 선택은 이 세계에 어떤 영향을 미치고 있는지, 내가 살아가는 이 세계는 왜 이런 모습인지, 그리고 어떻게 달라질 수 있는지를 우리는 묻지 않고 살아가고 있다. 그렇다면 반대로, 제대로 된 질문은 지속가능하며 더 나은 세계로 가는 유일한 선택지가 될 수 있다.

리스본은 폐허가 되었는데, 여기 파리에서 우리는 춤을 추네

　1755년 11월 1일, 포르투갈 리스본에 일어난 대지진으로 6만여 명이 사망하는 참상이 발생했을 때, 프랑스 사상가 볼테르는 "리스본은 폐허가 되었는데, 여기 파리에서 우리는 춤을 추네"라고 말했다. 한쪽에서는 인간이 비참한 상황에서 목숨을 잃고 있는데, 어떻게 자신은 안락하고 풍요로운 삶을 영위할 수 있는지 질문한 것이다. 볼테르의 질문은 우리는 분명 함께 살아가는데, 왜 다른 존재의 고통은 이토록 멀게 느껴지는지를 고민하게 한다. 그리고 인간은 타인의 고통을 외면할 수 없음을, 극명하게 대비되는 인간 운명 앞에서 나의 책임을 물었다. 볼테르의 질문은 바로 인간의 가능성을 확장하는 말이다.

　인도 경제학자 아마르티아 센 역시 극단적으로 대비되는 인간의 운명에 대해 절실하게 고민하고 질문했던 사람이다. 그는 8살 때 목격한 벵갈 대기근 당시의 참상을 잊지 못하고 인생을 걸고 질문했다. 왜 그토록 많은 사람이 굶어 죽어야 하는지, 정말 먹을 것이 없어 죽은 것인지, 그 참상을 예방하거나 막을 수 없었는지 말이다. 그의 끈질긴 질문은 결국 그 문제의 본질을 꿰뚫어 보게 했다. 대기근은 식량이 부족해서 일어난 것이 아니라, 농민들이 가난해질 수밖에 없고, 그런 농민들을 외면하는 부패하고 이기적인 권력자들이 일으킨 문제였다. 아마르티아 센은 이러한 연구 끝에 양적인 성장만을 추구했던 종래의 경제학을 비판하고, 인간 삶의 질과 역량을 개발하는 새로운 지표를 제시하기에 이른다.

> "우리 삶에 대해서만이 아니라, 우리가 살아가는 이 세계에 대해서도 책임감을 가져야 한다. 그렇지 않다면 이는 사회적 지혜가 아니라 지적 항복을 택하는 격이 된다."
> ─아마르티아 센, 『세상은 여전히 불평등하다』 중에서, 111쪽,
> 21세기북스

볼테르와 센뿐만 아니라 삶을 내걸고 질문을 던지는 무수히 많은 사람이 있었고, 지금도 그 사람들과 우리는 함께 살아간다. 사실 이렇게 간단하게 정리할 수 없을 만큼 그들의 고민은 깊었고, 복잡했고, 어려웠다. 단 한 가지 공통점이 있다면 비극적인 상황을 목격한 최초의 순간에 떠오르는 인간의 본능적인 감정, 비참함이나 절망과 같은 심정을 그냥 흘려보내지 않고 질문했다는 것이다.

"무엇이 인간인가?"라고 말이다.

인간은 땅과 나무와 바다와 하늘의 목소리를 직접 들은 적이 아직까지 없다. 하지만 듣고자 노력했을 때, 위기를 극복하는 기회는 생겨났다. 인간은 새로운 감각과 새로운 윤리의식을 가진 존재로 진화해왔다는 사실을 잊어서는 안 된다.

> 당신은 고생대 초기에 최초로 물 밑의 진흙으로부터 나와, 없는 허파가 생기기를 기다리며 숨을 쉬면서 자유로운 대기 속에서 살기 시작한 선사시대의 파충류 동물을 기억하오? (…) 그런데 그놈 역시 미쳤다오. 완전히 머리가 돌았지. 그 때문에 그렇게 애쓴 거지요. 그놈은 우리 모두의 조상이오. 이걸 잊어선 안 되오. 그놈이 없었더라면 우리가 이렇게 있지도 못할 거요. 그놈은 아마 간이 부었을 거요. 우리도 시도를 해봐야 하오. 그게 진보라는 거요. 그놈처럼 여러 번 해보면 아마도 우리는 결국 필요한 기관, 예를 들면 존엄이나 우애 같은 기관을 갖게 될 거요.
> ─로맹 가리, 『하늘의 뿌리』 중에서, 554~555쪽, 문학과지성사

최초로 물밑 진흙에서 나와 자유로운 공기로 나온 파충류처럼, 일상이 불편하고 때론 고통스러움을 감내하더라도 우리는 일상에

만연한 무감각을 일깨워야 한다. 플라스틱이 주는 편리함에서, 화석연료가 주는 안락함에서, 낭비하는 소비 양식이 주는 풍요로움에서 벗어나기 위한 시도가 필요하다.

우리 인간은 스스로의 가능성을 한정하지 않고 가장 거시적 정체성인 '인간'을 봐야 한다. 그때, 국가를 넘어 종교를 넘어 우리가 속한 이 거대한 공동체가 보인다. 기나긴 생명의 시간 속에 인류가 있고, 광활한 자연 속에 인간이 있다. 인간은 자유롭고자 할 때만 자유로울 수 있다. 인간은 윤리적으로 행동하고자 할 때만 인간다울 수 있다. 어떤 삶을 선택할 것인가? 그 가능성은 오직 지금, 오늘을 살아가는 우리에게 있다.

인간은 자연의 많은 부분을 인간의 편의에 맞게 인위적으로 바꾸며 살아왔습니다. 그래서 다른 생명체들이 살아갈 터전을 침범하는 일이 많았고, 개별 생명체의 목숨뿐만 아니라 생물 종 자체를 멸종하게 하는 일도 생겼지요. 그런데 이제 그 한계가 온 것 같습니다. 더 이상 자연을 파괴하면 인간 역시 안전할 수 없다는 것을 감지한 사람들은 '지속가능한 발전'을 말하며 자연을 회복하기 위한 방법을 고민하기 시작했습니다. 하지만 그 말도 여전히 인간중심적 사고관이 깃들어 있습니다. 인간이 발전을 지속가능하게 하기 위해, 견딜 수 있을 만큼의 자연을 보호하자는 의미이기 때문입니다. 동물과 식물, 자연의 그 어떤 생명체도 인간을 위해 존재하는 것이 아닙니다. 각각의 고유성이 있고, 그 자체로 존엄합니다.

그리고 인간은 자연 없이는 살 수 없지만, 자연은 인간 없이도 살수 있습니다. 이 사실을 깨닫지 않고서 현재 인간이 처한 자연 파괴로 인한 위기들을 이겨내기는 어렵습니다.

뉴질랜드의 환경법원 판결문에는 "나는 강이고, 강은 나다"라는 문장이 있습니다. 마오리족의 세계관을 명시한 것인데, 마오리족이 살아가는 팡파누이강과 우레웨라 국립공원을 법적 주체로 인정하며 자연도 인간과 마찬가지로 법의 보호를 받아야 한다고 명령했습니다. 에콰도르와 볼리비아, 인도에서도 자연의 권리를 법적으로 명문화한 사례가 있습니다. 최근 우리나라에서도 동물을 헌법에서 주체로 보자는 목소리가 나오고 있습니다. 법적인 권리가 생기는 것이 모든 문제의 해결책은 아니겠지만, 그만큼 자연에 대한 존중의식을 가진 사회가 탄생한다는 점에서 매우 환영할 지점입니다.

전쟁이 일어난 상황에서도 반려동물을 가족으로 여기며 함께 피난을 가는 우크라이나 사람들과, 똑같은 마음으로 동물들까지 난민으로 수용하는 접경 국가들의 태도 역시 우리에게 큰 울림을 줍니다. 여러분은 동물이 인간을 위해 살아간다고 생각한 적은 없나요? 내가 동물과 자연을 바라보는 태도를 돌아보고, 인간과 동등한 존재로 바라본다는 것의 의미가 무엇인지 생각을 이야기해봅시다.

동물을 진짜 존중하는 방법

김예지 (15세)

저는 동물을 좋아하는 편이 아니다 보니 동물원이나 동물 보호에 대해 관심이 많은 편이 아니었습니다. 그래서 동물원에 대해서도 그렇게 큰 관심을 가지고 깊이 생각해보지 않았습니다. 그런데 책에서 상당히 인상 깊은 문장이 있었습니다. "동물보호소가 동물원과 다른 점은 바로 이것이다. 방문객들은 늑대의 쉼터에 온 손님이지 돈을 내고 늑대를 관찰하는 권리를 누리려고 온 것이 아니다." 보통 돈을 낸 사람은 소비자고, 소비자를 왕이라고 여기는 경우가 많습니다. 동물원도 그런 식으로 운영하곤 합니다. 하지만 동물을 중심으로 생각하면, 돈을 누가 냈는지는 중요하지 않습니다. 누구든 다른 존재의 생활과 공간을 방문한다면, 그 공간의 주인을 존중하고 조심스러워할 줄 알아야 합니다.

사람에게 인권이 있듯이, 동물에게도 권리가 있습니다. 그런데 동물원 동물 대부분의 권리가 지켜지지 않습니다. 물론 지켜주려고 노력하지만, 인간의 기준에 맞춰 그들을 도우려고 합니다. 인간이 자기만의 규칙이 있듯, 동물도 자신들의 생활 방식대로 살아가야 합니다. 동물원에서는 이런 규칙이 지켜지기 쉽지 않습니다.

어떤 곳이든 기준을 어디에 두느냐가 중요합니다. 우리 사회도 마찬가지로 돈 많은 이들 말고 빈민층이나 소외된 사람들의 기준으로 세상을 만들어보면 좋겠습니다. 모두의 눈에 맞게, 공평한 세상을 만들어야 합니다. 장애인이 생활할 때 생기는 불편함을 해소하고, 어린이의 눈높이에 맞게 세상을 변화할 필요가 있듯이, 동물원에서는 동물의 권리에 기준을 둬야 합니다.

송은서(14세)

많은 사람이 그랬듯 저 역시 어렸을 때 동물원에 가본 경험이 많습니다. 어렸을 때는 동물원의 동물들을 보는 것이 마냥 좋았고, 보고 싶던 동물이 없으면 실망하기도 했었습니다. 우리 속에, 유리창 속에 갇혀 있던 동물들을 보고도 그게 '부자연스럽다'라는 걸 알지 못했죠. 동물원이라는 장소의 문제를 전혀 깨닫지 못했던 것입니다.

그러나 『동물복지 수의사의 동물따라 세계여행』을 읽고 그 문제점을 알게 되었습니다. 동물은 그들의 모습을 유리창 너머의 우리에게 보여줄 의무가 없습니다. 인간에게 그들의 보금자리를 완전히 침범하고 자유와 생활을 침해하고 볼 수 있는 권리는 존재하지 않습니다.

우리는 종종 인간을 제외한 다른 생명체가 인간을 위해 존재하는 것이라고 생각하게 됩니다. 그러나 그건 틀렸습니다. 동물들은 결코 인간을 위해 살아가는 것이 아닙니다. 동물들은 그들의 삶을 살아가고 그 삶의 주체는 그들 자신입니다. 우리는 사람들에게 공감하듯 동물들에게도 공감할 필요가 있습니다.

이렇게 관계를 맺는 방법에 대한 새로운 인식의 변화는 인간과 동물 간의 화합뿐만이 아니라 인간과 인간 사이의 화합으로도 이어질 것입니다. 예를 들어 학교에서 한 선생님께서 '인종차별'이라는 말은 사람이 모두 '인간'이라는 하나의 종 아래에 속해 있기 때문에 애초에 성립될 수 없다는 얘길 해주셨는데요. 우리가 상대를 진짜 존중하게 된다면, 동물뿐 아니라 인간도 살기 좋아질 것입니다.

김민서(16세)

동물을 물건 취급하는 문제를 해결하고 예방하기 위해 어떻게 해야 할까요? 첫 번째로, 동물을 대하는 태도가 존중으로 바뀌었으면 합니다. 뉴스에 보면 거북이를 실로 묶어서 전봇대에 걸어둔다든지, 고양이 꼬리를 잡아서 내팽개치는 사건이 화제가 된 적이 있습니다. 어떤 스트레스나 불만, 파괴적인 성격을 동물에게 해소하려고 하는데, 만약 우리가 동물을 존중한다면, 사람에게 할 수 없는 일은 동물에게도 하지 않게 될 것입니다.

둘째로는 사람들이 지구와 환경을 관리한다고 보기보다는, 자연의 흐름을 거스르지 않는 것입니다. 사람은 흔히 동물에게 도움을 주어야 한다고 생각합니다. 제가 아는 공원의 강에는 잉어들이 득실득실합니다. 거북이가 잉어의 밥을 먹는다고, 거북이를 다 죽였기 때문인데, 지금은 잉어만 너무 많아졌습니다. 결국 생태계는 인간들의 개입으로 망가진 것입니다. 사람들은 자기 보기 좋은 대로 생태계가 바뀌길 바라지만, 생태계가 인간에게 일부 피해를 줄지라도, 생태계 자체의 흐름에 맡겨야 가장 유지가 잘된다 는 걸 알아야 합니다. 정말 동물 보호를 위한다면 동물원 대신 동물보호소나 지었으면 합니다. 인간 때문에 위기에 처한 동물들을 보살피는 것은 우리 모두의 책임일 것이고, 보호소에서 생활하는 동물을 사람들이 본다면 그들의 삶에 대해 좀 더 진지하게 인식하고 관심을 가질 수 있을 것입니다.

눈 감지 않는다면, 달라질 수 있습니다

김범서 (14세)

사람과 동물은 모두 생물로서 존엄성을 가지고 있습니다. 심지어 개미도 존엄성을 가지고 있죠. 하지만 예나 지금이나 동물은 인간의 목적을 위해 희생이 되었으며 심지어 재미를 위해 희생이 되기도 하였습니다. 저는 '같은 동물로서 어떻게 이 정도로 희생을 시킬 수 있을까?'라는 궁금증이 들었습니다.

저는 지금까지 사회의 근본은 당연히 인간이라고 생각해왔습니다. 그러나 우리 인간이 사회를 만들고 유지하기 위해 동물을 무시하고 짓밟아왔다는 사실에 우리 사회가 원망스러웠습니다. 그러나 과연 저는 당당하게 사람들 앞에서 "동물을 무시하는 사회를 만든 사람들을 원망하자!"라고 말할 수 있을까요? 동물에 대한 감수성이 더 피폐해지기 전에 나 자신부터 동물을 존재 그 자체로 존중하기 위해 노력해야 한다고 생각합니다. 예를 들어 개미 한 마리라도 일부러는 밟지 않는 거죠.

사회적 약자와 마찬가지로, 동물원에 갇힌 여러 동물은 주어진 환경을 바꿀 수 없습니다. 그래서 우리가 사회적 약자나 동물들을 위해 더 고민하고 노력해야 하는 것이죠. 우리 사회는 강한 사람이 모든 권력을 갖고 약자를 착취하려고 합니다. 하지만 세상엔 나쁜 사람보단 착한 사람이 더 많습니다. 그 사람들의 배려와 이해가 쌓이고 쌓여 사회적 약자들도, 동물들도 자신의 환경을 선택하고, 떳떳하게 살아갈 수 있게 될 것입니다.

박미주(16세)

우리가 먹는 식품의 설명서에 식물성 기름이라고 뭉뚱그려 표시된 글자 뒤에는 생태계가 파괴되고 피해가 약자에게 미치는 파괴성이 숨어 있습니다. 강자는 동물의 보금자리를 파괴하는 것처럼 우리의 보금자리도 파괴할 수 있고, 동물을 죽이듯이 우리도 죽일 수 있습니다. 우리는 우리의 잔혹함이 자신에게도 피해를 준다는 사실을 인식하고 잘못을 바로잡아야 합니다. 대기업들이 요즘 자연보호 기금을 내고 친환경 기업을 표방하지만, 한편으론 자연을 파괴하는 사업을 지원합니다. 겉모습에 속지 않고 그 속에 있는 파괴성과 잔혹함을 똑바로 봐야 합니다. 동물의 일이라고 우리와는 상관없다고 생각하면 안 됩니다. 동물을 존중하지 못하면 소외된 인간은 존중받지 못합니다.

매 순간 내가 한 행동이 잘못된 것인지 아닌지 생각하지 않으면 다른 누군가에게 피해가 가는 시스템입니다. 자신만을 생각하지 말고 다른 이들도 생각해야 합니다. 동물이 흔하다고 죽여도 되는 것은 아닌데, 왜 멸종위기종만 보호하는 건가요? 왜 그러고선 뒤늦게 보호하는 건가요? 누구에게도 함부로 동물을 죽일 권리는 없습니다. 우리는 모든 동물을 존중해야 합니다.

정윤진 (15세)

비도덕적인 방법으로 대해지는 동물들의 여러 사례를 보며 이러한 일들이 모두 인간의 욕심에서 비롯되었다는 것을 알 수 있습니다. 더 자세하게 말하자면, 인간이 가지고 있는 돈에 대한 추악한 욕심 때문입니다. 그러나 대부분의 사람이 저처럼 동물들이 처한 사실을 잘 모르고 있습니다. 전 사람들이 관심을 가지면 해결할 수 없는 문제는 없다고 생각합니다. 그렇기에 동물을 대하는 태도를 바꾸는 것은 사회에서 잘 들리지 않는 목소리에 귀 기울인다는 것입니다. 사람들이 관심을 가져 문제 제기하여 해결해 나가는 일들이 많아질수록 우리 사회는 서로 계속해서 소통하는 사회가 될 것이고 사람들이 꿈꾸는 이상적인 세상, 누구든 소외되지 않는 세상에 가까워질 수 있다고 믿어 의심치 않습니다.

또 한 가지 우리가 기억해야 하는 것은 깊게 사고하는 방법을 배워야 한다는 것입니다. 내가 정말 편하게 살고 있다고 해서 질문하는 법을 잊어서는 안 됩니다. 사람들은 자신이 좋아하는 치킨, 족발, 삼겹살과 같은 음식을 먹으면 기뻐합니다. 그리고 대부분의 생각은 거기서 그칩니다. 하지만 우리는 더 생각해야 합니다. 이 음식이 어떤 과정을 걸쳐 내 식탁 위에 놓이게 된 건지에 대해서 말입니다. 자연을 파괴하지 않았는지, 인간적이지 못한 방법으로 동물을 대하지 않았는지, 노동을 착취하지 않았는지. 우리는 당연한 걸 당연하지 않게 여기는 법을 배워야 합니다. 그리고 잘못된 것을 바로 잡기 위해 문제 제기를 해야 합니다. 지금은 당연시 여겨지지만, 여성의 인권, 흑인의 인권, 어린이와 청소년의 인권, 그리고 사회적 약자의 인권은 옛날에는 당연하게 여겨지지 않았습니다. 지배층들로 인해 무참히 짓밟혔고, 현재까지 많이 나아졌다고 볼 수 있지만, 여전히 잘 지켜지지 못한 인권이 많습니다. 세상에 완벽한 사회란 없습니다. 절대로 완벽할 수 없는 불완전한 인간들 속에서 항상 많은 문제가 존재합니다. 그러나 우리는 골치 아픈 문제들을 눈감아버리고 편안하게 살려고 합니다. 이러한 방식으로는 절대 사회가 발전할 수 없습니다. 눈 감지 마세요. 사회의 모든 면을 있는 그대로 직시해야 합니다. 이 방법만이 우리 사회, 나아가 세상을 발전시킬 수 있는 유일한 방법입니다.

🔍 **함께 읽어볼 책**

- 『경이로운 자연에 기대어』 레이첼 카슨 외 지음, 민승남 옮김, 작가정신, 2022
- 『그레타 툰베리와 달라이 라마의 대화』 수전 바우어-우 외 지음, 고영아 옮김, 책담, 2022
- 『누가 지구를 망치는가』 반다나 시바 외 지음, 추선영 옮김, 책과함께, 2022
- 『동물복지 수의사의 동물 따라 세계 여행』 양효진 지음, 책공장더불어, 2022
- 『반다나 시바, 상처받은 지구를 위로해』 최형미 지음, 탐, 2022
- 『생태적 전환, 슬기로운 지구 생활을 위하여』 최재천 지음, 김영사, 2021
- 『연애 소설 읽는 노인』, 루이스 세풀베다 지음, 정창 옮김, 열린책들, 2009
- 『지구를 선택한 사람들』, 박재용 지음, 다른, 2023
- 『지구를 지키는 것이 나의 일이라면』 알렉산드라 마탄차 지음, 정현진 옮김, 반니, 2022